新装版

聞いてマネしてどんどん覚える

キクタン
英会話
【海外旅行編】

一杉武史 編著

英語は聞いて覚える！
アルク・キクタンシリーズ

「読む」だけでは、言葉は決して身につきません。私たちが日本語を習得できたのは、赤ちゃんのころから日本語を繰り返し「聞いて」きたから——『キクタン』シリーズは、この「当たり前のこと」にこだわり抜いた単語集・熟語集・フレーズ集です。「読んでは忘れ、忘れては読む」——そんな悪循環とはもうサヨナラです。「聞いて覚える」、そして「読んで理解する」、さらに「使って磨く」——英語習得の「新しい１歩」が、この１冊から必ず始まります！

Preface
わずか3週間で旅行英会話が身につくには理由があります！

入国から出国まで！きっと遭遇する、40の英語が必要な「シーン」と372の「フレーズ」を厳選！

待ちに待った海外旅行、せっかくなら英会話を楽しみたい！ ──本書はそうした願いをかなえるための1冊です。では、旅行中に英会話が必要となる「シーン」は？ さらに、その場面で使われる「フレーズ」は？ 本書の企画の第一歩は、この「シーン」と「フレーズ」を絞り込むことからスタートしました。

まずは「シーン」。本書は、「入国」から「出国」まで、海外旅行の流れに沿って10のチャプターに分かれています。そして、チャプターごとに「英語を話す必要があるシーン」が4つ、計「40」用意されています。次に「フレーズ」です。入国審査やチェックイン、買い物の会計、食事の注文、トラブルの対応など、それぞれのシーンには決まって使われる定番フレーズがあります。この「定番フレーズ」をチャプターごとに36、さらにどの状況でも使い回せる「基本フレーズ」12を加えた計「372」を厳選しました。

「聞く」→「聞く」→「真似る（＝音読する）」の「3ステップ学習」でフレーズが自然と身につく！

こうして選ばれたフレーズですが、どうすれば「使える＝話せる」ようになるのでしょうか？ 意外に忘れがちなのは、私たちが日本語を「話せる」ようになった、その過程です。赤ちゃんは、周りの人の話すフレーズを「聞き」、そしてそのフレーズを「真似る」ことで、少しずつ「話せる」ようになります。この「自然な過程」がとても大切です。

本書は、付属の音声を使い、①「フレーズを聞く」→②「フレーズをダイアログで聞く」→③「フレーズをロールプレイで真似る」といった「3ステップ」の学習法を採用していますので、「自然な過程」で会話力をマスターできます。また、①の「フレーズを聞く」際には、音楽に乗りフレーズを覚える「チャンツ」が使われていますので、定着率が飛躍的に高まります。こうして3週間後には、海外旅行に必要な会話力が身についているはずです。「話せる」を目指して、一緒に頑張りましょう！

Contents

海外旅行できっと遭遇する「40シーン」で必要な「372フレーズ」を、3週間でマスター!

I have a reservation.
予約してあります。

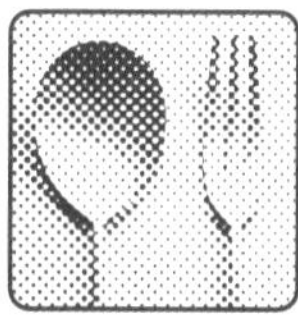

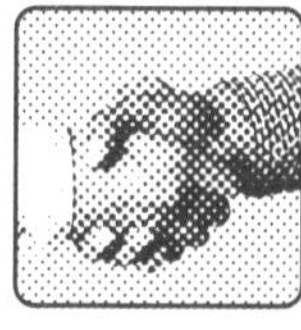

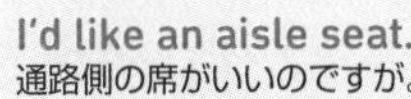

I'd like an aisle seat.
通路側の席がいいのですが。

STOP

Chapter 9
トラブル Page 133▸146

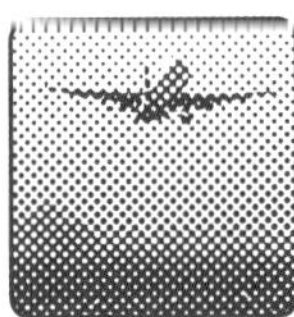

Chapter 10
出国 Page 147▸160

記号説明

DL-001:「ダウンロード音声のトラック001を呼び出してください」という意味です。

解説の英文中の( ):省略可能を表します。

解説の英文中の[ ]:言い換え可能を表します。

だから、覚えられる!、話せる!

本書の4大特長

1

入国から、ホテル、観光、買い物、食事、出国まで英語が必要なシーンを調査!

**海外旅行で使える!
無駄なく覚えられる!**

見出しフレーズの選定にあたっては、入国から出国まで、海外旅行中に英語が必要となるシーンを徹底的に調査しました。例えば「入国審査」。ここでは、入国の目的、滞在先、滞在期間などを、入国審査官から英語で聞かれ、それに英語で答える必要があります。最終的に、このような「英語を話す必要があるシーン」を40に分類。さらに、調査中にデータベース化した約9000のフレーズを、使用頻度の点から372フレーズに絞り込みました。

2

「読む」だけではムリ! まずは、チャンツに乗ってフレーズを耳からインプット!

**「聞く単(キクタン)」!
しっかり身につく!**

「読む」だけでは、フレーズは決して身につきません。私たちが日本語を習得できたのは、小さいころから日本語を繰り返し「聞いて・口に出して」きたから──この「自然な過程」を忘れてはいけません。本書では、音楽のリズムに乗りながらフレーズを無理なく習得できる「チャンツ学習」を採用。「目」と「耳」から同時にフレーズをインプットし、さらに「口」に出していきますので、定着率が飛躍的に高まります。

『キクタン英会話【海外旅行編】』では、入国から出国まで、旅行中に英語を話さなければならないシーンを調査し、そこで使われるフレーズを厳選していますので、どれも「海外旅行で使える」ものばかりです。その上で、いかに効率的にフレーズを「覚えられる」か、いかにフレーズを「話せる」ようになるか――このことを本書は最も重視しました。ここでは、なぜ「覚えられる」のか、そしてなぜ「話せる」ようになるのかに関して、本書の特長をご紹介します。

3

「覚えた」だけでは不完全！ ダイアログを加えた「3ステップ学習」を採用！

自然なかたちで「話せる」ようになる！

いくらフレーズを覚えても、それを使って「話せる」ようにならなければ「宝の持ち腐れ」です。では、どうすればよいか？ ――答えは簡単、それを使って話せばいいのです。ただ、話す「きっかけ」がなければ使うことはできません。本書では、各フレーズにダイアログ（会話）を用意。①フレーズを覚える、②そのフレーズをダイアログで聞く、③そのフレーズをロールプレイで音読する――この「3ステップ学習」を何度も繰り返すことで自然とフレーズが口から出てくるようになります。

4

海外旅行を疑似体験できる3週間の「段階的学習」！

無理なく楽しく学習を続けられる！

「継続は力なり」、とは分かっていても、続けることは大変なことです。では、なぜ「大変」なのか？ それは、覚えきれないほどの量のフレーズを無理に詰め込もうとするからです。本書では、「話せるようになる」ことを前提に、1日の学習量をあえて12フレーズに抑えています。さらに、出発から帰国まで、海外旅行できっと遭遇する、「英語を話す必要があるシーン」を3週間をかけて段階的に学習していきますので、挫折することなく、楽しく続けることができます。

❶「聞く」→❷「聞く」→❸「真似る＝話す」
「話せる」を実現する「3ステップ学習」

本書と音声の利用法

Day 1 基本フレーズ12

Step 1 チャンツを 聞く

該当のトラックを呼び出して、「英語→日本語→英語」の順に収録されている「チャンツ音楽」で、見出しフレーズとその意味をチェック。

Step 2 ダイアログを 聞く

How long are you staying?
滞在期間は？

Day 1 どこでも使える! 基本フレーズ12

Step 1 チャンツでフレーズを覚える DL-001

□001
～, please. ～をお願いします。／～をください。
A cup of coffee, please.（コーヒーを1杯お願いします）と自分の欲しい物を伝えたり、Fifth floor, please.（5階をお願いします）と相手に依頼する際のカジュアルな表現。

□002
Can I ～? ～してもいいですか？
相手に許可を求める際のカジュアルな表現。Could I～？と May I～？は「～してもよろしいですか？」のように丁寧なニュアンスになる。

□003
Do you have ～? ～はありますか？／～を持っていますか？
相手が所有しているかどうか確認する際の表現。「（この近くに）～はありますか？」のように存在を確認するときには、Is there～？を使う。

□004
Where's ～? ～はどこですか？／～はどこにありますか？
Where's は Where is の短縮形。場所を確認する際に使う。「～」が複数の場合は、Where are the lockers?（ロッカーはどこですか？）のように Where are～？を用いる。

□005
I'd like to ～. ～したいのですが。
I'd は I would の短縮形。自分のしたいことを伝える際の丁寧な表現。I'd like～.（～をお願いします）と混同しないように注意。

□006
What's ～? ～は何ですか？／何が～ですか？
What's は What is の短縮形。物の名前や番号などを確認する際に使う。「～」が複数の場合は、What are these?（これらは何ですか？）のように What are～？を用いる。

16▶17

Is it ～? それは～ですか？
既に話題に出た物事を指して「それは～ですか？」と聞く際に使う。

見出しフレーズ

Day 1で学習する12のフレーズが掲載されています。見出しフレーズと定義に一通り目を通したら、「チャンツ音楽」を聞きましょう。

定義と解説

見出しフレーズの定義と解説が掲載されています。

For five days.
5日間です。

1 日の学習量は 4 ページ、学習フレーズ数は 12 フレーズです。チャンツでフレーズを覚える「Step 1」、フレーズが含まれたダイアログを聞く「Step 2」、ダイアログのフレーズ部分をロールプレイで音読する「Step 3」の 3 つのステップを踏みながら、フレーズを「覚える」だけでなく、フレーズを使って「話せる」ようになることを目指します。

該当のトラックを呼び出して、Step 1 で学習したフレーズを使ったダイアログ（会話）を聞きます。話者 A の「英語→日本語訳」、話者 B の「英語→日本語訳」の順に収録されています。色字が学習フレーズです。

Step 3 ロールプレイで

該当のトラックを呼び出します。ダイアログ中の学習フレーズ以外は英語だけが読まれます。学習フレーズの部分は日本語訳になっていますので、訳の後の発信音に続いてフレーズを音読しましょう。

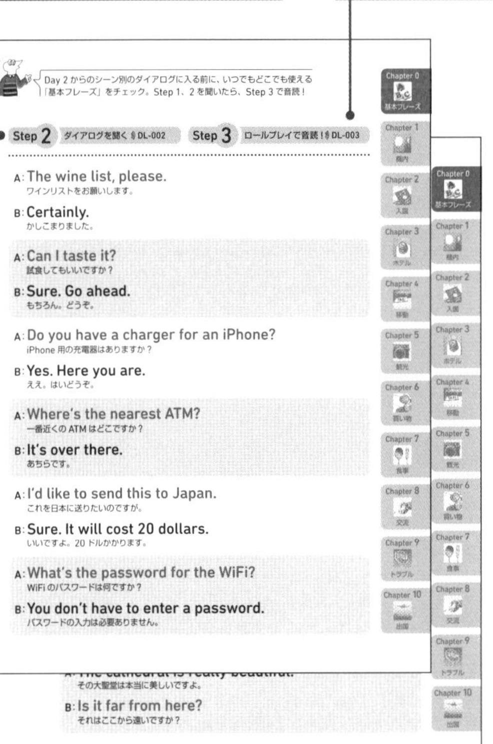

Day 2 からのシーン別のダイアログに入る前に、いつでもどこでも使える「基本フレーズ」をチェック。Step 1、2 を聞いたら、Step 3 で音読！
Step 2 ダイアログを聞く DL-002
Step 3 ロールプレイで音読！ DL-003
A: The wine list, please.
ワインリストをお願いします。
B: Certainly.
かしこまりました。
A: Can I taste it?
試食してもいいですか？
B: Sure. Go ahead.
もちろん。どうぞ。
A: Do you have a charger for an iPhone?
iPhone 用の充電器はありますか？
B: Yes. Here you are.
ええ。はいどうぞ。
A: Where's the nearest ATM?
一番近くの ATM はどこですか？
B: It's over there.
あちらです。
A: I'd like to send this to Japan.
これを日本に送りたいのですが。
B: Sure. It will cost 20 dollars.
いいですよ。20 ドルかかります。
A: What's the password for the WiFi?
WiFi のパスワードは何ですか？
B: You don't have to enter a password.
パスワードの入力は必要ありません。
その大聖堂は本当に美しいですよ。
B: Is it far from here?
それはここから遠いですか？
Chapter 0 基本フレーズ
Chapter 1 機内
Chapter 2 入国
Chapter 3 ホテル
Chapter 4 移動
Chapter 5 観光
Chapter 6 買い物
Chapter 7 食事
Chapter 8 交流
Chapter 9 トラブル
Chapter 10 出国

I'll take five of them.
それを 5 つください。

Do you need a bag?
袋はいりますか？

＊ Step 1 の「チャンツ音楽」、Step 2 の「ダイアログ」、Step 3 の「ロールプレイ」は、見開きごとにトラックが異なります。

Day 2～21 Scene

Step 1 チャンツを 聞く

該当のトラックを呼び出して、「英語→日本語→英語」の順に収録されている「チャンツ音楽」で、見出しフレーズとその意味をチェック。

Step 2 ダイアログを

見出しフレーズ

その日に学習する 12 のフレーズが、各 Scene に 6 つずつ掲載されています。Scene ごとに見出しフレーズと定義に一通り目を通したら、「チャンツ音楽」を聞きましょう。

定義と解説

見出しフレーズの定義と解説が掲載されています。

Day 2

Step 1 チャンツでフレーズを覚える DL-009

□025
I think this is my seat. ここは私の席だと思いますが。
This is my seat. だけでも OK だが、I think をつけると「～だと思いますが」と主張を和らげるニュアンスになる。右のダイアログの Excuse me. は相手に話しかける際の表現。

□026
Just a second. ちょっと待ってください。
何かを確認するため、相手に待ってもらう際に使う。Just a moment [minute]. とも言う。Just を Wait に置き換えてもよい。

□027
It's OK. いいんですよ。
相手の謝罪に対する応答表現。It's all right.、No problem. も同義。

□028
I'll move my bags. 荷物を移動させます。
I'll ～. は「(これから) ～します」とその場でそうしようと思いついたことに使う。右のダイアログでは、席の移動に併せて、手荷物ラックに入れた荷物などを移動させるということ。

□029
Let me help you. お手伝いします。
手伝いを申し出る際の表現。相手が高齢者や女性だったら、この表現を使って重い荷物の移動を手伝ってあげよう。

□030
That's very nice of you. ご親切にどうも。
感謝の表現。Thanks. や Thank you. の後に使うと、感謝の気持ちがさらに伝わる。nice の代わりに kind や sweet を使ってもよい。

24▸25

□034
No problem.
相手の依頼に応じる際の表

□035
I appreciate it.
Thank you. よりも丁寧な
に続けて感謝の念を強調す

□036
Don't mention
お礼に対する応答表現。Yo

まずはコレだけ！

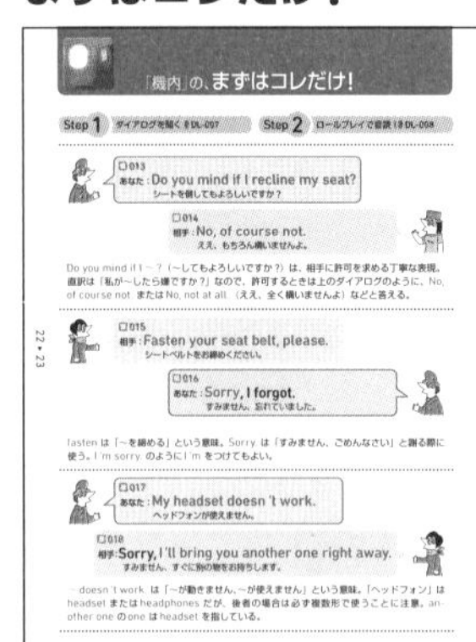
「機内」の、まずはコレだけ!

Step 1 ダイアログを聞く DL-007　Step 2 ロールプレイで音読 DL-008

□013 あなた：Do you mind if I recline my seat? シートを倒してもよろしいですか？

□014 相手：No, of course not. ええ、もちろん構いませんよ。

Do you mind if I ～？（～してもよろしいですか？）は、相手に許可を求める丁寧な表現。直訳は「私が～したら嫌ですか？」なので、許可するときは上のダイアログのように、No, of course not. または No, not at all.（ええ、全く構いませんよ）などと答える。

□015 相手：Fasten your seat belt, please. シートベルトをお締めください。

□016 あなた：Sorry, I forgot. すみません、忘れていました。

fasten は「～を締める」という意味。Sorry. は「すみません、ごめんなさい」と謝る際に使う。I'm sorry. のように I'm をつけてもよい。

□017 あなた：My headset doesn't work. ヘッドフォンが使えません。

□018 相手：Sorry, I'll bring you another one right away. すみません、すぐに別の物をお持ちします。

～ doesn't work. は「～が動きません、～が使えません」という意味。「ヘッドフォン」は headset または headphones だが、後者の場合は必ず複数形で使うことに注意。another one の one は headset を指している。

22▸23

各 Chapter の最初にある、「耳慣らし」「口慣らし」のコーナーです。色字が学習フレーズです。このコーナーは、Step 1 と Step 2 の学習でフレーズを押さえます。

Step 1 ダイアログを 聞く

ダイアログと解説に一通り目を通したら、該当のトラックを呼び出して、ダイアログを聞きます。フキダシごとに「英語→日本語訳」の順で収録されています。

Step 2 ロールプレイで 話す

該当のトラックを呼び出します。太線で囲まれた「あなた」のフキダシ中の学習フレーズ以外は英語だけが読まれます。「あなた」の学習フレーズは日本語訳になっていますので、訳の後の発信音に続いてフレーズを音読しましょう。

該当のトラックを呼び出して、Step 1で学習したフレーズを使った3往復のダイアログを聞きます。フキダシごとに「英語→日本語訳」の順で収録されています。色字が学習フレーズです。

Step 3 ロールプレイで 話す

該当のトラックを呼び出します。太線で囲まれた「あなた」のフキダシ中の学習フレーズ以外は英語だけが読まれます。「あなた」の学習フレーズは日本語訳になっていますので、訳の後の発信音に続いてフレーズを音読しましょう。

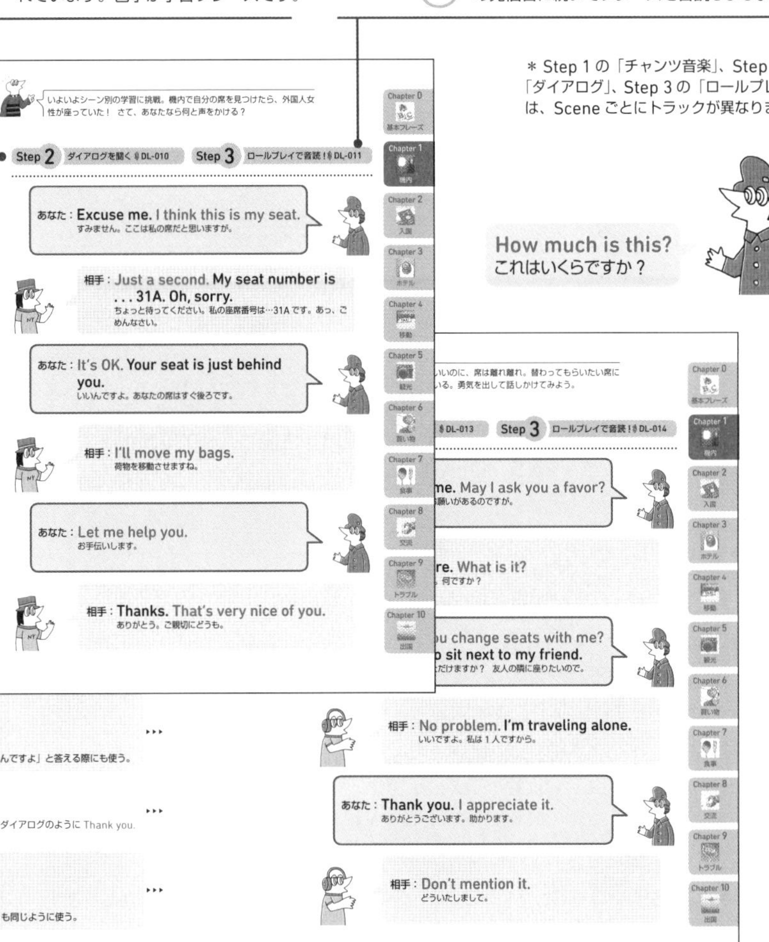

いよいよシーン別の学習に挑戦。機内で自分の席を見つけたら、外国人女性が座っていた！ さて、あなたなら何と声をかける？
Step 2 ダイアログを聞く DL-010
Step 3 ロールプレイで音読！ DL-011
あなた：Excuse me. I think this is my seat.
すみません。ここは私の席だと思いますが。
相手：Just a second. My seat number is . . . 31A. Oh, sorry.
ちょっと待ってください。私の座席番号は…31Aです。あっ、ごめんなさい。
あなた：It's OK. Your seat is just behind you.
いいんですよ。あなたの席はすぐ後ろです。
相手：I'll move my bags.
荷物を移動させますね。
あなた：Let me help you.
お手伝いします。
相手：Thanks. That's very nice of you.
ありがとう。ご親切にどうも。
Chapter 0 基本フレーズ
Chapter 1 機内
Chapter 2 入国
Chapter 3 ホテル
Chapter 4 移動
Chapter 5 観光
Chapter 6 買い物
Chapter 7 食事
Chapter 8 交流
Chapter 9 トラブル
Chapter 10 出国
DL-013
Step 3 ロールプレイで音読！ DL-014
me. May I ask you a favor?
re. What is it?
u change seats with me?
o sit next to my friend.
相手：No problem. I'm traveling alone.
いいですよ。私は1人ですから。
あなた：Thank you. I appreciate it.
ありがとうございます。助かります。
相手：Don't mention it.
どういたしまして。

＊ Step 1の「チャンツ音楽」、Step 2の「ダイアログ」、Step 3の「ロールプレイ」は、Sceneごとにトラックが異なります。

How much is this?
これはいくらですか？

ダウンロード音声について

本書の学習に必要な音声は、すべてお手持ちのスマートフォンやパソコンにダウンロードしてお聞きいただけます。

本書では、トラック「001」であれば

))) DL-001

のように表示しています。

音声のダウンロード方法

■スマートフォンの場合

アルクの英語学習アプリ「booco」を使うと、本書の音声をさまざまな方法で聞くことができます。

① 以下の URL・QR コードから booco をインストールする。

② booco を起動し、ホーム画面上の「さがす」をタップして商品コード「7024062」で本書を検索して、音声ファイルをダウンロードする。

https://booco.page.link/4zHd

■パソコンの場合

パソコンに音声をダウンロードし、音声プレーヤーで聞くことができます。

① 以下の URL にアクセスする。

② 商品コード「7024062」で本書を検索し、音声ファイルをダウンロードする。

アルク「ダウンロードセンター」
https://portal-dlc.alc.co.jp/

＊ booco およびダウンロードセンターのサービス内容は、予告なく変更する場合があります。あらかじめご了承ください。

Chapter 0
基本フレーズ12

Chapter 0 では、Chapter 1 からのシーン別の学習の前に、いつでもどこでも使える「基本フレーズ 12」をマスターします。海外旅行中に、使う場面にきっと遭遇するはず！

英語でコレ言える？

▼

A：Beef or fish?
ビーフとお魚のどちらにしますか？
B：I___ l_____ f_____.
お魚をお願いします。

▼

答えは Day 1 でチェック！

どこでも使える! 基本フレーズ12

Step 1 チャンツでフレーズを覚える DL-001

□001

～, please. ～をお願いします。／～をください。

A cup of coffee, please.（コーヒーを１杯お願いします）と自分の欲しい物を伝えたり、Fifth floor, please.（5階をお願いします）と相手に依頼する際のカジュアルな表現。

□002

Can I ～? ～してもいいですか？

相手に許可を求める際のカジュアルな表現。Could I ～？と May I ～？は「～してもよろしいですか？」のように丁寧なニュアンスになる。

□003

Do you have ～? ～はありますか？／～を持っていますか？

相手が所有しているかどうか確認する際の表現。「（この近くに）～はありますか？」のように存在を確認するときには、Is there ～？を使う。

□004

Where's ～? ～はどこですか？／～はどこにありますか？

Where's は Where is の短縮形。場所を確認する際に使う。「～」が複数の場合は、Where are the lockers?（ロッカーはどこですか？）のように Where are ～？を用いる。

□005

I'd like to ～. ～したいのですが。

I'd は I would の短縮形。自分のしたいことを伝える際の丁寧な表現。I'd like ～.（～をお願いします）と混同しないように注意。

□006

What's ～? ～は何ですか？／何が～ですか？

What's は What is の短縮形。物の名前や番号などを確認する際に使う。「～」が複数の場合は、What are these?（これらは何ですか？）のように What are ～？を用いる。

Day 2 からのシーン別のダイアログに入る前に、いつでもどこでも使える「基本フレーズ」をチェック。Step 1、2 を聞いたら、Step 3 で音読！

Step 2 ダイアログを聞く DL-002　**Step 3** ロールプレイで音読！ DL-003

A: The wine list, please.
ワインリストをお願いします。

B: **Certainly.**
かしこまりました。

A: Can I taste it?
試食してもいいですか？

B: **Sure. Go ahead.**
もちろん。どうぞ。

A: Do you have a charger for an iPhone?
iPhone 用の充電器はありますか？

B: **Yes. Here you are.**
ええ。はいどうぞ。

A: Where's the nearest ATM?
一番近くの ATM はどこですか？

B: **It's over there.**
あちらです。

A: I'd like to send this to Japan.
これを日本に送りたいのですが。

B: **Sure. It will cost 20 dollars.**
いいですよ。20 ドルかかります。

A: What's the password for the WiFi?
WiFi のパスワードは何ですか？

B: **You don't have to enter a password.**
パスワードの入力は必要ありません。

Step 1 チャンツでフレーズを覚える DL-004

□007
Is there ～? ～はありますか？

行きたい所、欲しい物などがあるか確認する際の表現。「～」が複数の場合は、Are there any tickets left?（残っているチケットはありますか？）のように Are there ～？を使う。

□008
Can you ～? ～してくれますか？

相手に依頼する際のカジュアルな表現。Could you ～？と Would you ～？は「～していただけますか？」のように丁寧なニュアンスになる。

□009
I'd like ～. ～をお願いします。／～が欲しいのですが。

注文などで自分の欲しい物を伝える際の表現。I'll have ～．や～，please. も注文時などに使うが、I'd like ～．のほうが丁寧な言い方。

□010
Where can I ～? どこで～できますか？

例えば、taxi stand（タクシー乗り場）という言葉を知らなくても、Where can I get a taxi?（どこでタクシーを拾えますか？）と、taxi stand を使わずに聞ける。

□011
Is this ～? これは～ですか？

自分の近くにある物を指して「これは～ですか？」と聞く際に使う。自分から離れた物を指す場合は Is that ～？（あれは～ですか？）を使う。

□012
Is it ～? それは～ですか？

既に話題に出た物事を指して「それは～ですか？」と聞く際に使う。

「基本フレーズ」の残り 6 つをチェック。Step 3 の音読は、「話せる」ようになるために必要不可欠。聞き流すだけではダメだよ！

Step 2 ダイアログを聞く DL-005　**Step 3** ロールプレイで音読！ DL-006

A: Is there a Japanese restaurant around here?
この近くに和食レストランはありますか？

B: **Yes, there are a few.**
ええ、いくつかありますよ。

A: Can you repeat that?
もう一度言ってくれますか？

B: **Sure.**
いいですよ。

A: **Beef or fish?**
ビーフとお魚のどちらにしますか？

B: I'd like fish.
お魚をお願いします。

A: Where can I buy tickets?
どこでチケットを買えますか？

B: **There's a box office in the lobby.**
ロビーにチケット売り場があります。

A: Is this wool?
これはウールですか？

B: **Yes. It's 100 percent wool.**
ええ。100 パーセントウールです。

A: **The cathedral is really beautiful.**
その大聖堂は本当に美しいですよ。

B: Is it far from here?
それはここから遠いですか？

Chapter 0 Review

Day 1で学習したフレーズをおさらい。色文字の日本語を参考にして、各ダイアログの空所に当てはまるフレーズを、先頭の文字に続けて書き込もう（解答はこのページ下）。

❶ □002

A：C___ I t_______ i_?

試食してもいいですか？

B：Sure. Go ahead.

もちろん。どうぞ。

❷ □008

A：C___ y___ r_________ t_____?

もう一度言ってくれますか？

B：Sure.

いいですよ。

❸ □009

A：Beef or fish?

ビーフとお魚のどちらにしますか？

B：I__ l_____ f_____.

お魚をお願いします。

解答

1. Can I taste it?
2. Can you repeat that?
3. I'd like fish.

Chapter 1
機内

海外旅行で、最初に英語を使う可能性があるのが「機内」。日本の航空会社なら日本語が使えるけれど、自分の席に外国人が座っていたら、何と言えばいい？　それでは早速、旅のスタート！

英語でコレ言える？

▼

あなた：I t____ t___ i_ m_ s___.
ここは私の席だと思いますが。
相手：Oh, sorry.
あっ、ごめんなさい。
NY

▼

答えは Day 2 でチェック！

「機内」の、まずはコレだけ！

Step 1 ダイアログを聞く 》DL-007　**Step 2** ロールプレイで音読！》DL-008

☐013
あなた：**Do you mind if I recline my seat?**
シートを倒してもよろしいですか？

☐014
相手：**No, of course not.**
ええ、もちろん構いませんよ。

Do you mind if I ～？（～してもよろしいですか？）は、相手に許可を求める丁寧な表現。直訳は「私が～したら嫌ですか？」なので、許可するときは上のダイアログのように、No, of course not. または No, not at all.（ええ、全く構いませんよ）などと答える。

☐015
相手：**Fasten your seat belt, please.**
シートベルトをお締めください。

☐016
あなた：**Sorry, I forgot.**
すみません、忘れていました。

fasten は「～を締める」という意味。Sorry. は「すみません、ごめんなさい」と謝る際に使う。I'm sorry. のように I'm をつけてもよい。

☐017
あなた：**My headset doesn't work.**
ヘッドフォンが使えません。

☐018
相手：**Sorry, I'll bring you another one right away.**
すみません、すぐに別の物をお持ちします。

～ doesn't work. は「～が動きません、～が使えません」という意味。「ヘッドフォン」は headset または headphones だが、後者の場合は必ず複数形で使うことに注意。another one の one は headset を指している。

シーン別の学習に入る前に、1 往復の短いダイアログで口慣らし。Step 1 でダイアログを聞いたら、Step 2 で「あなた」のパートを音読しよう。

□019
相手 : **Could you pull down the shade?**
日よけを下げていただけますか？

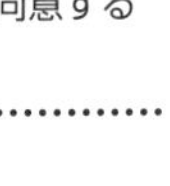

□020
あなた : **OK.**
分かりました。

Could you ～ ? は「～していただけますか ?」と丁寧に依頼する際の表現。同意する場合は、OK.、All right.、Sure. などと答える。

□021
あなた : **Can you let me through?**
通してくれますか？

□022
相手 : **Just a minute.**
ちょっと待ってください。

「通してくれますか ?」は、Can you let me out? と言っても OK。または、席から立ち上がって Excuse me.（すみません）と言えば、通してほしいのだと相手も分かるはず。Just a minute. は Just a second [moment]. とも言う。

□023
相手 : **Are you finished?**
お済みですか？

□024
あなた : **Yes. It was delicious.**
ええ。おいしかったです。

Are you finished? は直訳の「終わりましたか ?」から転じて、食事の場面では「お済みですか ?、お下げしてもいいですか ?」といった意味になる。返答は Yes. だけでもいいが、It was delicious. などと言えば相手もうれしいはず。

Scene 1
ここは私の席だと思いますが。

Step 1 チャンツでフレーズを覚える DL-009

☐025
I think this is my seat. ここは私の席だと思いますが。

This is my seat. だけでも OK だが、I think をつけると「〜だと思いますが」と主張を和らげるニュアンスになる。右のダイアログの Excuse me. は相手に話しかける際の表現。

☐026
Just a second. ちょっと待ってください。

何かを確認するため、相手に待ってもらう際に使う。Just a moment [minute]. とも言う。Just を Wait に置き換えてもよい。

☐027
It's OK. いいんですよ。

相手の謝罪に対する応答表現。It's all right.、No problem. も同義。

☐028
I'll move my bags. 荷物を移動させます。

I'll 〜. は「(これから) 〜します」とその場でそうしようと思いついたことに使う。右のダイアログでは、席の移動に併せて、手荷物ラックに入れた荷物などを移動させるということ。

☐029
Let me help you. お手伝いします。

手伝いを申し出る際の表現。相手が高齢者や女性だったら、この表現を使って重い荷物の移動を手伝ってあげよう。

☐030
That's very nice of you. ご親切にどうも。

感謝の表現。Thanks. や Thank you. の後に使うと、感謝の気持ちがさらに伝わる。nice の代わりに kind や sweet を使ってもよい。

いよいよシーン別の学習に挑戦。機内で自分の席を見つけたら、外国人女性が座っていた！　さて、あなたなら何と声をかける？

Step 2 ダイアログを聞く 》DL-010　　**Step 3** ロールプレイで音読！》DL-011

あなた：**Excuse me. I think this is my seat.**
すみません。ここは私の席だと思いますが。

相手：**Just a second. My seat number is . . . 31A. Oh, sorry.**
ちょっと待ってください。私の座席番号は…31Aです。あっ、ごめんなさい。

あなた：**It's OK. Your seat is just behind you.**
いいんですよ。あなたの席はすぐ後ろです。

相手：**I'll move my bags.**
荷物を移動させますね。

あなた：**Let me help you.**
お手伝いします。

相手：**Thanks. That's very nice of you.**
ありがとう。ご親切にどうも。

Scene 2
席を替えていただけますか？

Step 1 チャンツでフレーズを覚える 》DL-012

□031
May I ask you a favor? **お願いがあるのですが。**

人に頼み事をする際の表現。May を Could に置き換えてもよい。Can I ask you a favor? は、ややカジュアルなニュアンスになる。

□032
What is it? **何ですか？**

人の問いかけに対する応答表現。右のダイアログでは相手の頼み事の内容を確認している。

□033
Could you change seats with me? **席を替えていただけますか？**

Can you change seats with me? よりも丁寧な表現。交換する場合、「席」は seats と複数形にすることを覚えておこう。

□034
No problem. **いいですよ。**

相手の依頼に応じる際の表現。相手の謝罪に対して「いいんですよ」と答える際にも使う。

□035
I appreciate it. **助かります。**／感謝します。

Thank you. よりも丁寧な表現。単独でも用いるが、右のダイアログのように Thank you. に続けて感謝の念を強調することもある。

□036
Don't mention it. **どういたしまして。**

お礼に対する応答表現。You're welcome.、Not at all. も同じように使う。

友人や家族の隣の席がいいのに、席は離れ離れ。替わってもらいたい席には外国人男性が座っている。勇気を出して話しかけてみよう。

Step 2 ダイアログを聞く DL-013　**Step 3** ロールプレイで音読！DL-014

あなた：**Excuse me.** May I ask you a favor?
すみません。お願いがあるのですが。

相手：**Sure.** What is it?
ええ。何ですか？

あなた：Could you change seats with me?
I'd like to sit next to my friend.
席を替えていただけますか？　友人の隣に座りたいので。

相手：No problem. **I'm traveling alone.**
いいですよ。私は１人ですから。

あなた：**Thank you.** I appreciate it.
ありがとうございます。助かります。

相手：Don't mention it.
どういたしまして。

Scene 3

ビーフにします。

Step 1 チャンツでフレーズを覚える DL-015

□037

Here's a wet towel for you. おしぼりをどうぞ。

Here's ～ . は「～をどうぞ、これは～です」と相手に何かを手渡す際の表現。渡す物が複数の場合は Here are ～ . を使う。

□038

Thanks. どうも。／ありがとう。

Thank you. よりもカジュアルな表現。「どうもありがとう」とお礼の気持ちを強める場合は、Thanks a lot [very much]. などと言う。

□039

Beef or chicken? ビーフとチキンのどちらにしますか？

どちらの料理がいいかということ。日本の航空会社では洋食·和食の場合もあるので、Western or Japanese style? と外国人の乗客に聞くのをよく耳にする。

□040

Let's see. ええと。

考えたり、思い出したりするための間を取る際の表現。Well. も同じように使うが、ちょっぴりネイティブっぽく Let's see. と言ってみよう。

□041

Certainly. かしこまりました。／承知しました。

注文や依頼に応じる際の表現。Sure. よりもフォーマル。右のダイアログの What would you like to drink? は Would you like something to drink? と聞かれることもある。

□042

I'll have a beer. ビールをください。

I'll have ～ . は「～をください」と注文するときに使う。I'd like ～ . はやや丁寧な表現で、いずれも文末に please をつけると丁寧さが増す。

外国の航空会社だと、日本人の客室乗務員は 1 人だけということも。今回は機内食のシーン。うまく自分の希望を伝えることができるか挑戦！

Step 2 ダイアログを聞く DL-016　**Step 3** ロールプレイで音読！ DL-017

相手：**Here's a wet towel for you.**
おしぼりをどうぞ。

あなた：**Thanks.**
どうも。

相手：**Beef or chicken?**
ビーフとチキンのどちらにしますか？

あなた：**Let's see. Beef, please.**
ええと。ビーフをお願いします。

相手：**Certainly. And what would you like to drink?**
かしこまりました。それと、お飲み物は何にしますか？

あなた：**I'll have a beer.**
ビールをください。

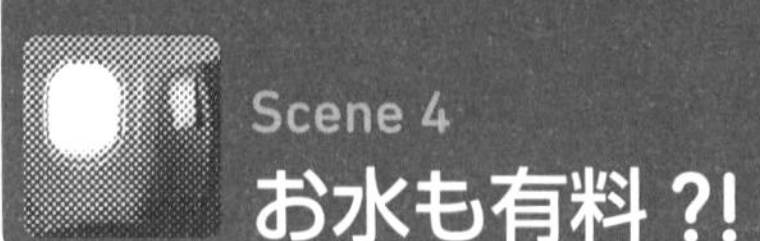

Scene 4
お水も有料？!

Step 1 チャンツでフレーズを覚える DL-018

□043
Can I have some water? お水をいただけますか？ ▶▶▶

Can I have ～？で「～をいただけますか？」を表す。Could I have ～？のほうが丁寧。

□044
It's two dollars a bottle. 1本、2ドルです。 ▶▶▶

It's ～ dollars. で「～ドルです」。この It は、右のダイアログでは water を指す。a bottle の a は「～につき」を表し、per に置き換えることができる。

□045
Do I have to pay for water? お水が有料なんですか？ ▶▶▶

直訳は「お水の代金を払わなければならないのですか？」。Do I have to ～？で「～しなければいけませんか？」を表す。

□046
It's our company policy. それが弊社の方針です。 ▶▶▶

company policy は「会社の方針」。右のダイアログの It は前の文の内容を指している。

□047
All right. 分かりました。 ▶▶▶

相手の言っていることを理解したときの表現。相手の申し出などに対して「いいですよ」と同意を表すときにも用いられる。

□048
I'll get you one right away. すぐにお持ちします。 ▶▶▶

get you ～で「あなたに～を取ってくる」を表す。ここの one は the menu を指している。レストランでもよく聞かれるフレーズなので、丸ごと覚えておこう。

LCC（格安航空会社）では、機内食だけでなく、飲み物まで有料ということも。うまくメニューをもらうところまで、会話を進めてみよう。

Step 2 ダイアログを聞く 》DL-019　**Step 3** ロールプレイで音読！》DL-020

あなた：**Can I have some water?**
お水をいただけますか？

相手：**It's two dollars a bottle.**
1本、2ドルです。

あなた：**What? Do I have to pay for water?**
えっ？　お水が有料なんですか？

相手：**Yes. Meals and drinks are not included in the fare. It's our company policy.**
はい。お食事とお飲み物は料金に含まれていません。それが弊社の方針なんです。

あなた：**All right. Can I have the menu?**
分かりました。メニューをいただけますか？

相手：**Sure. I'll get you one right away.**
かしこまりました。すぐにお持ちします。

Chapter 1 Review

❶ □025

あなた：I t______ t____ i_ m_ s_____.
ここは私の席だと思いますが。

相手：Just a second.
ちょっと待ってください。

❷ □029

相手：I'll move my bags.
荷物を移動させますね。

あなた：L___ m_ h____ y___.
お手伝いします。

❸ □031

あなた：M___ I a___ y___ a f_______?
お願いがあるのですが。

相手：Sure. What is it?
ええ。何ですか？

❹ □036

あなた：Thank you. I appreciate it.
ありがとうございます。助かります。

相手：D______ m__________ i_.
どういたしまして。

2 日間学習したフレーズをおさらい。色文字の日本語を参考にして、各ダイアログの空所に当てはまるフレーズを、先頭の文字に続けて書き込もう。分からないときは、見出し番号を参照して復習しておこう（解答はこのページ下）。

5 □040

相手： **Beef or chicken?**
ビーフとチキンのどちらにしますか？

あなた： **L_______ s___. Beef, please.**
ええと。ビーフをお願いします。

6 □043

あなた： **C___ I h_____ s_____ w_______?**
お水をいただけますか？

相手： **It's two dollars a bottle.**
1 本、2 ドルです。

7 □048

あなた： **Can I have the menu?**
メニューをいただけますか？

相手： **Sure. I__ g___ y___ o___ r______ a_____.**
かしこまりました。すぐにお持ちします。

解答

1. I think this is my seat.
2. Let me help you.
3. May I ask you a favor?
4. Don't mention it.
5. Let's see.
6. Can I have some water?
7. I'll get you one right away.

英語でもっと話してみよう！

ここまで学習したフレーズを使って、表現力をさらにアップ！「機内」編のフレーズは、Scene 4に登場したCan I have ～?(～をいただけますか？)。該当のトラックを呼び出して、「英語」→「日本語」の後の発信音に続けて文を音読しよう！

DL-021

a beer
ビール

a tea
紅茶／お茶

a coffee
コーヒー

Can I have ～?
～をいただけますか？

a red wine
赤ワイン

a whiskey
ウイスキー

a blanket
毛布

ほかにも！

an orange juice
オレンジジュース

a Coke
コカコーラ

a towel
タオル

a pillow
枕

Chapter 2

入国

英語を必ず使わなければならないのは「入国」審査。でも安心。聞かれることは決まっているので、質問パターンと返答パターンを押さえておけば大丈夫。それと、笑顔も忘れずに！

英語でコレ言える？

▼

相手：What's the purpose of your visit?
訪問の目的は？
あなた：S____________.
観光です。

▼

答えは Day 4 でチェック！

「入国」の、まずはコレだけ！

Step 1 ダイアログを聞く DL-022　**Step 2** ロールプレイで音読！DL-023

□049
相手：**Is this your first time to the US?**
アメリカへは初めてですか？

□050
あなた：**No, it's my third time here.**
いいえ、ここへは3度目です。

Is this your first time to ～？（～へは初めてですか？）は入国審査でよく聞かれる質問。初めてならYes, it is.、何度か来たことがあれば、It's my ～ time here.（ここへは～度目です）を使おう。

□051
相手：**What's your occupation?**
職業は何ですか？

□052
あなた：**I'm a teacher.**
教師です。

What's your occupation? の代わりに、What's your job? や What do you do? と聞かれることもある。返答は I'm ～.（～です）や、I work for ～.（～に勤めています）でOK。

□053
相手：**Put your right thumb on the screen.**
右手の親指をスクリーン上に置いてください。

□054
あなた：**What did you say?**
何て言いましたか？

thumb は「親指」。アメリカでは、入国審査時に指紋の採取と顔写真の撮影を行っている。What did you say? は、相手の言ったことが聞き取れなかったときに使う。ここでは Can you repeat that?（もう一度言ってくれますか？）などとお願いしてもよい。

シーン別の学習に入る前に、1 往復の短いダイアログで口慣らし。Step 1 でダイアログを聞いたら、Step 2 で「あなた」のパートを音読しよう。

□055
相手：**You can go.**
行って結構です。

□056
あなた：**Thank you. Goodbye.**
ありがとうございます。さようなら。

You can go. は、入国審査が問題なく終わったときに審査官がよく口にする表現。無言で去ってもいいけれど、ひと言 Goodbye. などと言ってみよう。

□057
あなた：**Where's the baggage claim?**
手荷物受取所はどこですか？

□058
相手：**Just follow the signs.**
標識に従って進んでください。

入国審査が終わると、次に向かうのは baggage claim（手荷物受取所）。国際空港は広いので、場所が分からないときは Where's ～？（～はどこですか？）を使ってどんどん質問しよう。follow は「（標識など）に従って進む」。

□059
相手：**Anything to declare?**
申告する物はありますか？

□060
あなた：**Yes. I have four bottles of liquor.**
はい。お酒を 4 瓶持っています。

Anything to declare? は Do you have anything to declare? の Do you have が省略された形。課税品がなければ、No, nothing.（いいえ、何もありません）で OK。あれば、Yes. I have ～.（はい。～を持っています）を使って答えよう。

Scene 5
観光目的です。

Step 1 チャンツでフレーズを覚える DL-024

□061
Your passport, please. パスポートをお願いします。

May [Can] I see your passport?、Please show me your passport. と聞かれることもある。

□062
Here you are. （はい）どうぞ。

人に物を差し出す際の表現。Here you go. とも言う。差し出す物が 1 つなら Here it is.、複数なら Here they are. とも言える。

□063
What's the purpose of your visit? 訪問の目的は？

入国の目的を聞くときの定番表現。purpose は「目的」、visit は「訪問」。

□064
Sightseeing. 観光です。

I'm on vacation [holiday].（休暇旅行です）と答えてもよい。「仕事です」なら I'm on business.、または、ひと言 Business. でも OK。

□065
How long are you staying? 滞在期間は？

これも定番表現で、滞在期間を尋ねている。直訳は「どのくらい滞在しますか？」。

□066
For five days. 5 日間です。

I plan to stay for five days.（5 日間滞在する予定です）と答えてもよいが、I plan to stay は省略可。1 週間なら For one week.、1 カ月間なら For one month.。

ここまで日本語で済ませてきても、入国審査では英語でのやりとりが必要。でも安心。質問パターンは決まっているので、しっかり覚えよう。

Step 2 ダイアログを聞く DL-025　**Step 3** ロールプレイで音読！ DL-026

相手：**Next!** Your passport, please.
次の方！　パスポートをお願いします。

あなた：**OK.** Here you are.
はい。どうぞ。

相手：**Thanks.** What's the purpose of your visit?
どうも。訪問の目的は？

あなた：Sightseeing.
観光です。

相手：How long are you staying?
滞在期間は？

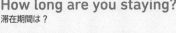

あなた：For five days.
5日間です。

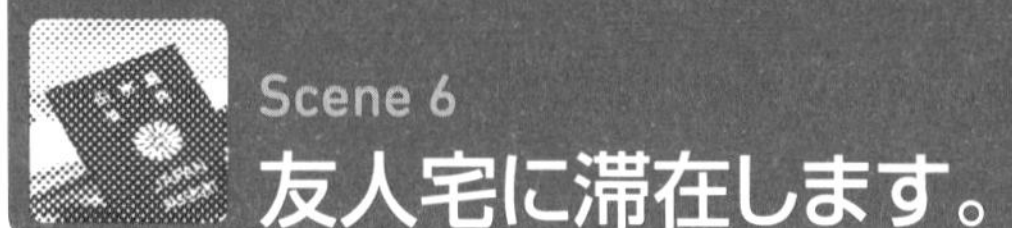

Scene 6
友人宅に滞在します。

Step 1 チャンツでフレーズを覚える DL-027

□067
Where are you staying? 滞在先は？

滞在先を聞く際の定番表現。直訳は「どこに滞在しますか？」。

□068
At my friend's house in Seattle. シアトルの友人宅です。

前に I'm staying をつけてもよいが省略可。ホテルに滞在予定なら At ~ Hotel. と答えよう。未定なら I haven't decided yet.（まだ決めていません）などと言う。

□069
Who are you here with? 同行者は？

同行者を確認する際の定番表現。直訳は「ここへは誰と一緒ですか？」。

□070
I'm with my friend. 友人と一緒です。

家族と一緒なら I'm with my family. と答えよう。「私だけです」は Just me.。

□071
Have a nice time. 楽しんでください。

OK. You can go.（分かりました。行って結構です）と素っ気なく言われることもあるが、Have a nice time. や Have a nice trip.（よい旅を）などと言う入国審査官もいる。

□072
Yes, I will. ええ、そうします。

Have a nice [good] ~.（よい~を）に対する応答表現。無言で立ち去ってもいいけれど、せっかくだから使ってみよう。

今回のシーンは、入国審査の質問パターンの後半部分。ここをばっちり切り抜けられたら、英語で話す自信がきっとつくはず。

Step 2 ダイアログを聞く DL-028　**Step 3** ロールプレイで音読！DL-029

相手：**Where are you staying?**
滞在先は？

あなた：**At my friend's house in Seattle.**
シアトルの友人宅です。

相手：**Who are you here with?**
同行者は？

あなた：**I'm with my friend. She's just behind me.**
友人と一緒です。私のすぐ後ろにいます。

相手：**OK. Thank you. Have a nice time.**
分かりました。ありがとうございます。楽しんでくださいね。

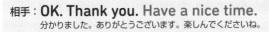

あなた：**Yes, I will. Thanks.**
ええ、そうします。ありがとう。

Scene 7

両替したいのですが。

Step 1 チャンツでフレーズを覚える DL-030

□073

I'd like to change some money. （お金を）両替したいのですが。 ▶▶▶

この change は「～を両替する」という意味。change yen to [into] dollars なら「円をドルに両替する」。

□074

How much do you want to change? いくら両替しますか？ ▶▶▶

How much?（いくらですか？）は買い物でも活躍するフレーズ。どんどん使ってみよう。

□075

Fifty thousand yen, please. 5万円です。 ▶▶▶

yen は複数形も yen なので、yens としないように注意。日本円の英語での言い方も覚えておこう。「10万円」は a [one] hundred thousand yen。

□076

How would you like it? 内訳はどうしますか？ ▶▶▶

直訳の「それをどのようにしたいですか？」から転じて、両替の場合は上のような訳になる。

□077

Please include some small bills. 小額紙幣を入れてください。 ▶▶▶

include は「～を含む」、bill は「紙幣」。チップを渡す習慣のある国では小額紙幣があると便利。右のダイアログの ones、fives、tens はそれぞれ「1［5、10］ドル紙幣」を表す。

□078

I'll take care of that. お任せください。 ▶▶▶

人に何かを頼まれたときの応答表現。右のダイアログでは、各紙幣の枚数をどれくらいにするかを「お任せください」ということ。

出発前に日本の空港でもできるけど、できなかった場合に現地でまずしておきたいのが「両替」。チップのために小額紙幣も必要。さてどうする？

Step 2 ダイアログを聞く DL-031　**Step 3** ロールプレイで音読！ DL-032

あなた：**Hi. I'd like to change some money.**
こんにちは。両替したいのですが。

相手：**Sure. How much do you want to change?**
かしこまりました。いくら両替しますか？

あなた：**Fifty thousand yen, please.**
5万円です。

相手：**OK. How would you like it?**
分かりました。内訳はどうしますか？

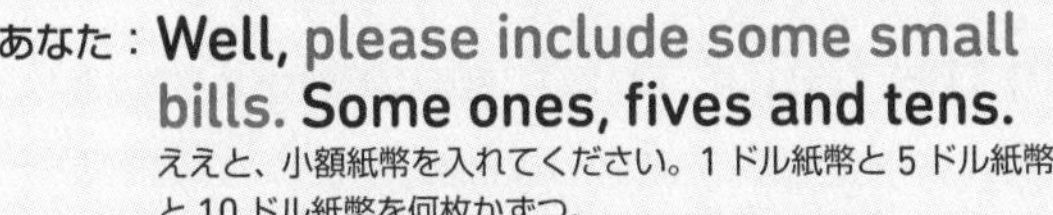

あなた：**Well, please include some small bills. Some ones, fives and tens.**
ええと、小額紙幣を入れてください。1ドル紙幣と5ドル紙幣と10ドル紙幣を何枚かずつ。

相手：**All right. I'll take care of that.**
はい。お任せください。

Scene 8
市内へはどう行きますか？

Step 1 チャンツでフレーズを覚える DL-033

□079

How do I get to the city? **市内へはどう行きますか？**

How do I get to ～？（～へはどう行きますか？）は、目的地までの交通手段を尋ねる際の便利な表現。How do I get there? なら「そこへはどう行きますか？」。

□080

You can use buses or trains. **バスか電車をご利用できます。**

use は物に限らず、交通機関などにも使えて便利。Can I use the restroom [toilet]? なら「トイレを使ってもいいですか？」。

□081

Which do you recommend? **どちらがお薦めですか？**

右のダイアログでは、バスと電車の 2 つの選択肢があるので which を使う。選択肢が限定されていない場合は What do you recommend?（何がお薦めですか？）となる。

□082

Trains are cheaper and faster. **電車のほうが安くて速いです。**

右のダイアログでは、バスと電車の 2 つを比べているので比較級が使われている。文末には than buses（バスよりも）が省略されている。

□083

How often do the trains run? **電車は何分おきに来ますか？**

この run は「運行されている」という意味。直訳の「電車はどのくらいの頻度で運行されていますか？」から転じて上のような訳になる。

□084

About every 15 minutes. **15 分おきくらいです。**

この every は「～おきに、～ごとに」という意味。every two days なら「2 日ごとに」。

送迎オプションを申し込んでいない場合、宿泊先までの交通機関は自分で決めることに。空港のインフォメーションで情報をゲットしよう。

Step 2 ダイアログを聞く DL-034　**Step 3** ロールプレイで音読！ DL-035

あなた：**How do I get to the city?**
市内へはどう行きますか？

相手：**You can use buses or trains. Taxis are also available, but expensive.**
バスか電車をご利用できます。タクシーもありますが、お金がかかりますよ。

あなた：**Which do you recommend?**
どちらがお薦めですか？

相手：**Trains are cheaper and faster.**
電車のほうが安くて速いですよ。

あなた：**Then I'll take a train. How often do the trains run?**
それなら電車にします。電車は何分おきに来ますか？

相手：**About every 15 minutes. And it takes about 30 minutes to the city.**
15分おきくらいですね。それと、市内へは約30分かかります。

Chapter 2 Review

❶ □062

相手： **Next! Your passport, please.**

次の方！　パスポートをお願いします。

あなた：**OK. H_____ y___ a___.**

はい。どうぞ。

❷ □064

相手： **What's the purpose of your visit?**

訪問の目的は？

あなた：**S_______________.**

観光です。

❸ □067

相手： **W_______ a___ y___ s__________?**

滞在先は？

あなた：**At my friend's house in Seattle.**

シアトルの友人宅です。

❹ □071

相手： **H_____ a n_____ t____.**

楽しんでくださいね。

あなた：**Yes, I will. Thanks.**

ええ、そうします。ありがとう。

2日間学習したフレーズをおさらい。色文字の日本語を参考にして、各ダイアログの空所に当てはまるフレーズを、先頭の文字に続けて書き込もう。分からないときは、見出し番号を参照して復習しておこう（解答はこのページ下）。

5 □073

あなた：I__ l____ t_ c_________ s_____ m______.

両替したいのですが。

相手： Sure. How much do you want to change?

かしこまりました。いくら両替しますか？

6 □077

相手： How would you like it?

内訳はどうしますか？

あなた：P_______ i_________ s_____ s_____ b____.

小額紙幣を入れてください。

7 □079

あなた：H___ d_ I g___ t_ t___ c____?

市内へはどう行きますか？

相手： You can use buses or trains.

バスか電車をご利用できます。

解答

1. Here you are.
2. Sightseeing.
3. Where are you staying?
4. Have a nice time.
5. I'd like to change some money.
6. Please include some small bills.
7. How do I get to the city?

英語でもっと話してみよう！

ここまで学習したフレーズを使って、表現力をさらにアップ！「入国」編のフレーズは、「『入国』の、まずはコレだけ！」に登場した Where's ～？（～はどこですか？）。該当のトラックを呼び出して、「英語」→「日本語」の後の発信音に続けて文を音読しよう！

DL-036

immigration
入国審査

customs
税関

the exit
出口

Where's ～？
～はどこですか？

the bus stop
バス停

the train station
駅

the taxi stand
タクシー乗り場

ほかにも！

the baggage claim
手荷物受取所

the lost and found
遺失物取扱所

the information desk
案内所

the money exchange
両替所

Chapter 3
ホテル

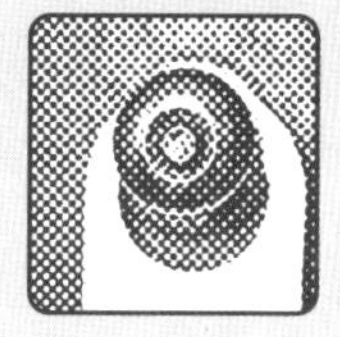

予約していたホテルにいよいよ到着！ 快適なホテル生活の第一歩はチェックイン。ちょっと小腹がすいたので、せっかくだからルームサービスにも英語で挑戦してみよう！

英語でコレ言える？

▼

相手：Anything from the minibar?
ミニバーは使いましたか？
あなた：N_, n______.
いいえ、何も。
SUP
HOTEL

▼

答えは Day 7 でチェック！

「ホテル」の、まずはコレだけ！

Step 1 ダイアログを聞く DL-037　**Step 2** ロールプレイで音読！ DL-038

□085
あなた：**Can I leave my baggage here?**
ここに手荷物を預けてもいいですか？

□086
相手：**Sure. We'll bring them to your room.**
もちろん。お部屋へ運んでおきます。

チェックイン時間よりも早く到着したときや、チェックアウト後、空港に行くまで時間があって観光したいときには、Can I leave my baggage here? と言って手荷物を預けよう。チェックアウト後の場合は、claim tag（引換証）を渡されることもある。

□087
相手：**May I have your credit card?**
クレジットカードをいただけますか？

□088
あなた：**Here it is.**
どうぞ。

海外のホテルでは、保証のためチェックイン時にクレジットカードの提示を求められることが多い。Here it is. は「（はい）どうぞ」と差し出す際の表現で、Here you are. も同じように使う。

□089
相手：**What floor?**
何階ですか？

□090
あなた：**Fifth floor, please.**
5階をお願いします。

エレベーター内での会話。ちなみに、アメリカでは「1［2］階」は first [second] floor と日本と同じように言うが、イギリスでは「1階」は ground floor、「2［3］階」は first [second] floor と言う。

シーン別の学習に入る前に、1往復の短いダイアログで口慣らし。Step 1 でダイアログを聞いたら、Step 2 で「あなた」のパートを音読しよう。

□091
あなた：**Can I borrow a hair dryer?**
ドライヤーを借りてもいいですか？

□092
相手：**Yes, of course.**
ええ、いいですよ。

ホテルによって備品はさまざま。ないときは Can I borrow ～？（～を借りてもいいですか？）を使って聞いてみよう。

□093
あなた：**Charge it to my room.**
勘定は部屋につけておいてください。

□094
相手：**May I have your room number?**
お部屋番号をいただけますか？

ホテル代に含まれていない飲食や、買い物をした場合などは、Charge it to my room. と言って、チェックアウト時に支払えばOK。この charge は「～をつけにする」という意味。

□095
あなた：**This is for you.**
これはあなたに。

□096
相手：**Thank you very much.**
どうもありがとうございます。

チップを渡す際は Thank you. でもOKだが、せっかくだから This is for you. を使ってみよう。Here's a little something for you.（少しですがどうぞ）といった表現もある。どちらもプレゼントを渡すときにも使える。

Scene 9

予約していた佐藤です。

Step 1 チャンツでフレーズを覚える 》DL-039

□097

I have a reservation. 予約してあります。

ホテルだけでなく、レストランなどを予約してある場合にも使う。make a reservation（予約する）も覚えておこう。

□098

May I have your name? お名前をいただけますか？

相手の名前を丁寧に聞く際の表現。Your name(, please)?（お名前は？）と聞かれることもある。

□099

This is my confirmation. これが予約確認書です。

confirmation はインターネットで予約した際にダウンロードした「予約確認書、クーポン」のこと。チェックイン時に提示すれば、手続きがスムーズに進む。

□100

Could you fill out this form? この用紙にご記入いただけますか？

fill out は「～に（必要事項を）記入する」という意味。名前、住所、パスポートナンバーなどを記入する。多くの場合、この前後にクレジットカードの提示を求められる。

□101

What time is checkout? チェックアウトは何時ですか？

What time ～？（～は何時ですか？）は、このほかにも What time does breakfast finish?（朝食が終わるのは何時ですか？）のようにも使える便利な表現。

□102

Please enjoy your stay. どうぞおくつろぎください。

チェックインが終わった後にフロント係がよく使うフレーズ。直訳の「滞在をお楽しみください」から上のような意味で使われる。

いよいよホテルにチェックイン！　日本でインターネット予約した場合は、プリントアウトした「ある物」を手にしておくと役に立つ。それは一体 ?!

Step 2 ダイアログを聞く 》DL-040　**Step 3** ロールプレイで音読！》DL-041

あなた：**Hi. I'd like to check in. I have a reservation.**
こんにちは。チェックインしたいのですが。予約してあります。

相手：**Certainly. May I have your name?**
かしこまりました。お名前をいただけますか？

あなた：**My name is Taro Sato. And this is my confirmation.**
佐藤太郎です。それと、これが予約確認書です。

相手：**Yes, Mr. Sato. Could you fill out this form?**
はい、佐藤さま。この用紙にご記入いただけますか？

あなた：**Here you are. What time is checkout?**
はいどうぞ。チェックアウトは何時ですか？

相手：**Checkout time is noon. Here's your key. Please enjoy your stay.**
チェックアウト時刻は正午です。こちらが鍵です。どうぞおくつろぎください。

Scene 10
WiFi は無料ですか？

Step 1 チャンツでフレーズを覚える DL-042

□103
Is the WiFi free here? WiFi はここでは無料ですか？

Is ～ free? で「～は無料ですか？」を表す。ここでの here は、もちろん in this hotel（このホテルでは）を指している。

□104
We offer free WiFi access. 無料の WiFi 接続をご提供しています。

We offer ～.（［私たちは］～をご提供しています）は、ホテルのホームページなどでよく見る表現。We offer free parking. なら「無料の駐車場をご提供しています」。

□105
How do I connect? どうやって接続するのですか？

How do I ～？は「どうやって～するのですか？」と方法を尋ねるときに使う。How do I eat this? なら「これはどうやって食べるのですか？」。

□106
Here are the instructions. こちらが使用説明書です。

instructions は「使用説明書」のことで、必ず複数形で使う。複数形の物を手渡す場合は Here are ～. を用いる。単数の場合は Here's ～. となる。

□107
Thanks for your advice. アドバイスをありがとう。

Thanks for ～. で「～をありがとう」を表す。Thank you for ～.（～をありがとうございます）よりもカジュアル。

□108
Anytime. いつでもどうぞ。

相手のお礼の言葉に対する応答表現。「いつでもお安いご用です」といったニュアンス。

最近では、多くのホテルが WiFi サービスを提供しているけれど、有料のことも。チェックインが終わったら、接続方法も含めて確認しておこう。

Step 2 ダイアログを聞く DL-043　**Step 3** ロールプレイで音読！ DL-044

あなた：**Excuse me.** Is the WiFi free here?
すみません。WiFi はここでは無料ですか？

相手：**Yes.** We offer free WiFi access.
ええ。無料の WiFi 接続をご提供しています。

あなた：**Great.** How do I connect?
よかった。どうやって接続するのですか？

相手：Here are the instructions. **It's easy to log on.**
こちらが使用説明書です。接続するのは簡単ですよ。

あなた：**OK. I'll try.** Thanks for your advice.
分かりました。やってみますね。アドバイスをありがとう。

相手：Anytime.
いつでもどうぞ。

Scene 11
ルームサービスをお願いします。

Step 1 チャンツでフレーズを覚える DL-045

□109
This is room service. ルームサービスです。

ルームサービスの番号を押したら、相手はまずこう言ってくるはず。This is を省略して、Room service. だけの場合も多い。

□110
This is Room 423. 423 号室です。

This is Room ～. は自分の部屋番号を伝えるときの定番表現。423 は four twenty-three、または four two three と読む。

□111
Please go ahead. どうぞ（お話しください）。

Please go ahead. は「どうぞ（お話しください）」と、相手に話を続けてもらうときの表現。「お先にどうぞ」と順番を譲る際にも使う。

□112
I'd like a beef sandwich. ビーフサンドをお願いします。

I'd like ～. は「～をお願いします」と注文する際の定番表現。部屋に何かを持ってきてもらうときには、Please bring ～. （～を持ってきてください）を使おう。

□113
Would you like anything else? ほかに何かございますか？

ほかに注文がないかどうか聞く際の表現。レストランでもよく耳にする。

□114
That's all, thanks. それ（だけ）で結構です。

直訳は「それがすべてです」。That's all. だけだと「もういいよ」のような、ぶっきらぼうなニュアンスになるので、注文の際には最後に thanks をつけよう。

ホテルに連泊するときなどは、ルームサービスを頼みたくなることもあるはず。会話の流れは決まっているので、必須フレーズを押さえよう。

Step 2 ダイアログを聞く DL-046 **Step 3** ロールプレイで音読！DL-047

相手：This is room service. **May I help you?**
ルームサービスです。ご用件を承ります。

あなた：**Hello.** This is Room 423. **I'd like to order something.**
もしもし。423号室です。注文したいのですが。

相手：Please go ahead.
どうぞ。

あなた：I'd like a beef sandwich.
ビーフサンドをお願いします。

相手：**Certainly.** Would you like anything else?
かしこまりました。ほかに何かございますか？

あなた：**Well. . . No,** that's all, thanks.
ええと…。いいえ、それで結構です。

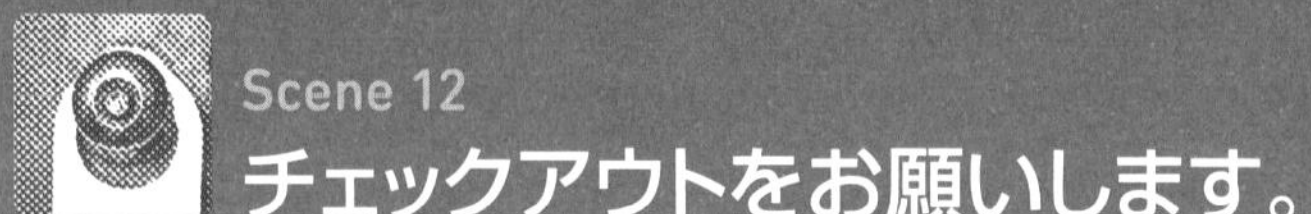

Scene 12 チェックアウトをお願いします。

Step 1 チャンツでフレーズを覚える DL-048

□115
Check out, please. チェックアウトをお願いします。

チェックアウトの際の定番表現で、I'd like to check out. よりもカジュアル。

□116
Anything from the minibar? ミニバーは使いましたか？

minibar は部屋にある冷蔵庫のこと。Did you have anything from the minibar? と聞かれることもある。

□117
No, nothing. いいえ、何も。

上のように聞かれて、何も使っていなければこう答えればよい。使っていたら、I had ～.（～を飲みました［食べました］）で答えよう。

□118
You are all set. 以上です。／これで終わりです。

チェックアウトなどの手続きが終わったときによく使われる。ホテル代を日本で決済した場合、ホテル内で購入物がなければチェックアウト手続きは終わりになる。

□119
We had a great time. 楽しかったです。

ホテルの感想を聞かれたら、こう答えよう。1 人旅なら I had a great time. と言う。We [I] enjoyed our [my] stay. とも言える。

□120
Thank you for staying with us. ご宿泊ありがとうございます。

チェックアウトの最後にフロントがよく使う表現。直訳は「こちらに滞在いただきありがとうございます」。

楽しかったホテルでの滞在。チェックアウトでもばっちり英語で話して、せっかくだからお礼の気持ちも伝えたいところ。

Step 2 ダイアログを聞く DL-049　**Step 3** ロールプレイで音読！DL-050

あなた：**Good morning. Check out, please. Here's the room key.**
おはようございます。チェックアウトをお願いします。こちらが部屋の鍵です。

相手：**Just a moment. . . Yes, Ms. Asuka Suzuki. Anything from the minibar?**
少々お待ちください…。はい、鈴木明日香さま。ミニバーは使いましたか？

あなた：**No, nothing.**
いいえ、何も。

相手：**OK. You are all set. How was everything?**
分かりました。以上です。滞在はいかがでしたか？

あなた：**We had a great time. Thank you.**
楽しかったです。ありがとうございます。

相手：**Thank you for staying with us. We hope you will come again.**
ご宿泊ありがとうございます。またのお越しをお待ちしています。

Chapter 3 Review

❶ □097

あなた：I'd like to check in. I h_____ a r_________________.

チェックインしたいのですが。予約してあります。

相手：Certainly. May I have your name?

かしこまりました。お名前をいただけますか？

❷ □101

あなた：W_____ t____ i__ c____________?

チェックアウトは何時ですか？

相手：Checkout time is noon.

チェックアウト時刻は正午です。

❸ □103

あなた：I__ t___ W___ f_____ h_____?

WiFi はここでは無料ですか？

相手：Yes. We offer free WiFi access.

ええ。無料の WiFi 接続をご提供しています。

❹ □110

相手：This is room service. May I help you?

ルームサービスです。ご用件を承ります。

あなた：Hello. T_____ i__ R_____ 423.

もしもし。423 号室です。

2日間学習したフレーズをおさらい。色文字の日本語を参考にして、各ダイアログの空所に当てはまるフレーズを、先頭の文字に続けて書き込もう。分からないときは、見出し番号を参照して復習しておこう（解答はこのページ下）。

Chapter 0 基本フレーズ
Chapter 1 機内
Chapter 2 入国
Chapter 3 ホテル
Chapter 4 移動
Chapter 5 観光
Chapter 6 買い物
Chapter 7 食事
Chapter 8 交流
Chapter 9 トラブル
Chapter 10 出国

❺ □113

相手：**W______ y___ l____ a___________ e____?**

ほかに何かございますか？

あなた：**No, that's all, thanks.**

いいえ、それで結構です。

❻ □117

相手：**Anything from the minibar?**

ミニバーは使いましたか？

あなた：**N__, n_________.**

いいえ、何も。

❼ □119

相手：**How was everything?**

滞在はいかがでしたか？

あなた：**W__ h___ a g______ t____. Thank you.**

楽しかったです。ありがとうございます。

解答

1. I have a reservation.
2. What time is checkout?
3. Is the WiFi free here?
4. This is Room 423.
5. Would you like anything else?
6. No, nothing.
7. We had a great time.

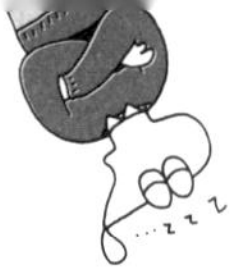

英語でもっと話してみよう！

ここまで学習したフレーズを使って、表現力をさらにアップ！「ホテル」編のフレーズは、Day 1 に登場した Do you have ～？(～はありますか？)。該当のトラックを呼び出して、「英語」→「日本語」の後の発信音に続けて文を音読しよう！

DL-051

a hair dryer
ドライヤー

an adapter
アダプター

an iron
アイロン

Do you have ～？
～はありますか？

a corkscrew
コルク栓抜き

a spa
スパ

a bar
バー

ほかにも！

a transformer
変圧器

a bottle opener
栓抜き

a gym
ジム

laundry service
ランドリーサービス

Chapter 4
移動

ホテルに着いたら、街へ繰り出そう！ ちょっと遠くまでタクシーを使いたいけど、運転手にチップを渡すときのフレーズは知ってる？ バスの運転手にも話しかけてみよう。

英語でコレ言える？

相手：That'll be 18 dollars.
18 ドルになります。
あなた：Here you are. K___ t__ c______.
はいどうぞ。お釣りはいりません。

答えは Day 9 でチェック！

Chapter 0

基本フレーズ
Chapter 1

機内
Chapter 2

入国
Chapter 3

ホテル
Chapter 4

移動
Chapter 5

観光
Chapter 6

買い物
Chapter 7

食事
Chapter 8

交流
Chapter 9

トラブル
Chapter 10

出国

「移動」の、まずはコレだけ！

Step 1 ダイアログを聞く DL-052　**Step 2** ロールプレイで音読！ DL-053

□121
あなた：**Where can I get a taxi?**
どこでタクシーを拾えますか？

□122
相手：**Shall I call a taxi for you?**
タクシーを呼びましょうか？

「タクシーを拾う［つかまえる］」は get a taxi を使う。call a taxi は「タクシーを呼ぶ」。

□123
あなた：**To this address, please.**
この住所までお願いします。

□124
相手：**Let me see it.**
見せてください。

住所の発音が分からなかったら、紙などを見せながら上のように聞いてみよう。ホテルやレストランの発音が分からなかったら、To this hotel [restaurant], please. で OK。Let me see it. は、相手が手にしている物を見せてもらうときの表現。

□125
あなた：**Stop here.**
ここで止めてください。

□126
相手：**Sure. That'll be 24 dollars.**
いいですよ。24 ドルになります。

タクシーを降りたい場所に着いたら、Stop here. だけでも OK。少し丁寧に言いたいなら、Stop here, please. のように文末に please をつけよう。Here's fine.（ここでいいです）という表現もある。That'll be ～. は会計時に金額が「～になります」を表す。

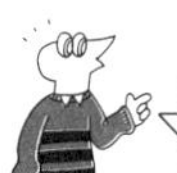

シーン別の学習に入る前に、1 往復の短いダイアログで口慣らし。Step 1 でダイアログを聞いたら、Step 2 で「あなた」のパートを音読しよう。

□ 127
あなた : **A one-way ticket to Chicago.**
シカゴまで片道 1 枚。

□ 128
相手 : **That'll be 45 dollars.**
45 ドルになります。

「片道の」は、アメリカ英語では one-way、イギリス英語では single、「往復の」はアメリカ英語では round-trip、イギリス英語では return と言う。

□ 129
あなた : **How many stops to Hyde Park?**
ハイドパークまで何駅ですか？

□ 130
相手 : **Five. I'll tell you when to get off.**
5 駅です。着いたら教えてあげましょう。

How many stops to ～? で「～まで何駅［何停留所］ですか？」を表す。日本で外国人観光客にこう聞かれたら I'll tell you when to get off. と言ってあげよう。

□ 131
あなた : **Is this the bus to the airport?**
これは空港行きのバスですか？

□ 132
相手 : **No, I'm afraid not.**
いいえ、残念ながら違います。

Is this the ～ to . . .? で「これは…行きの～ですか？」を表す。Is this the train to London? なら「これはロンドン行きの電車ですか？」。I'm afraid not. は相手の発言を受けて「残念ながら違います」。

Scene 13
この住所はどこですか？

Step 1 チャンツでフレーズを覚える 》DL-054

□133
May I ask you something? ちょっとお聞きしてもいいですか？

人に何かを尋ねる際の前置きの表現で、Can I ask you something? よりも丁寧。いきなり尋ねるよりも印象がいいので、ぜひ使ってみよう。

□134
How can I help you? 何かお困りですか？

困っている人を手助けするときに使う。直訳は「どのようにあなたを手伝えますか？」。店員などが使うと、「いらっしゃいませ」という意味になる。

□135
Can you show me on the map? 地図で教えてくれますか？

レストランなどは、住所が分かっていても見つけにくいもの。相手に地図を見せてこう聞くのもアリ。

□136
It's here. ここです。

右のダイアログでは、it は this address（この住所）を指している。日本で外国人に道を聞かれたら、地図を指しながら使ってみよう。

□137
How far is it from here? ここからどのくらいですか？

「距離」だけでなく、右のダイアログのように「所要時間」を聞く形でも使える。「ここから～へはどのくらいですか？」なら How far is it from here to ～? となる。

□138
It takes about 30 minutes on foot. 歩いて約30分です。

It takes ～（時間）. で「～（時間）がかかる」、on foot で「徒歩で、歩いて」という意味。「電車［バス、タクシー］で」は by train [bus, taxi]。

ガイドブックの地図を使いこなしていても、目的地が分からなくなることは多い。ここでは思い切って、現地の人に尋ねてみよう。

Step 2 ダイアログを聞く DL-055　**Step 3** ロールプレイで音読！DL-056

あなた：**Excuse me.** May I ask you something?
すみません。ちょっとお聞きしてもいいですか？

相手：**Sure.** How can I help you?
いいですよ。何かお困りですか？

あなた：**Where is this address?** Can you show me on the map?
この住所はどこですか？　地図で教えてくれますか？

相手：**Let's see. . . We are here now. . . And** it's here.
ええと…。私たちは今ここにいて…。それで、ここですよ。

あなた：**Thank you.** How far is it from here?
ありがとうございます。ここからどのくらいですか？

相手：It takes about 30 minutes on foot. **I think you should take a taxi.**
歩いて約30分です。タクシーを使ったほうがいいと思います。

Scene 14

空港までお願いします。

Step 1 チャンツでフレーズを覚える DL-057

□139

Where to? どちらまで？／行き先は？

Where would you like to go?（どちらまで行きたいですか？）と聞かれることもあるが、このように短く言われることも多い。

□140

Take me to the airport, please. 空港までお願いします。

最後に please をつけたほうが丁寧。文頭に Can [Could] you をつけるとさらに丁寧になる。To the airport. だけでもいいが、カジュアルなニュアンス。

□141

Domestic or international? 国内線、国際線のどちらですか？

domestic は「国内の」という意味。

□142

International. 国際線です。

上のように聞かれたら、ひと言でこう答えて OK。現地の国内を移動するなら Domestic. と答える。

□143

What airline are you flying? 何航空ですか？

直訳は「どの航空会社を利用しますか？」。大空港では航空会社ごとにターミナルが違うので、よく聞かれる。単に What airline [terminal]?（何航空［ターミナル］?）と聞かれることも。

□144

My airline is Delta. 航空会社はデルタです。

Delta. のように、航空会社名だけで答えても、もちろん OK。

急いでいるときや、ほかに交通機関がないときはタクシーが便利。地図や住所を見せるだけでも大丈夫だけど、英語でやりとりしてみては？

Step 2 ダイアログを聞く DL-058　**Step 3** ロールプレイで音読！ DL-059

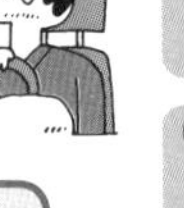

相手：**Hi.** Where to?
こんにちは。どちらまで？

あなた：**Hi.** Take me to the airport, please.
こんにちは。空港までお願いします。

相手：**Sure.** Domestic or international?
いいですよ。国内線、国際線のどちらですか？

あなた：International.
国際線です。

相手：**Sure.** What airline are you flying?
いいですよ。何航空ですか？

あなた：My airline is Delta.
航空会社はデルタです。

Scene 15
お釣りはいりません。

Step 1 チャンツでフレーズを覚える DL-060

□145
Here we are. （さあ）着きました。

目的地に到着したときのひと言。人に物を差し出すときに使う Here you are.（どうぞ）と混同しないように注意。

□146
How much? いくらですか？

How much is it?、How much is the fare?（料金はいくらですか？）と聞いてもいいが、How much? だけでもOK。

□147
That'll be 18 dollars. 18ドルになります。

That'll be ～. は、会計時に店員などが「～になります、～です」と金額を伝える際の定番表現。

□148
Keep the change. お釣りはいりません。／お釣りは取っておいてください。

チップをあげる際の定番表現。料金が16ドルで、20ドル紙幣を渡し、2ドルのチップをあげる際は、Just give me two dollars back.（2ドル返してください）などと言えばよい。

□149
Have a nice day. よい1日を。

タクシーの運転手に限らず、会計を終えた後に店員などがよく使う表現。Have a good day.、Have a good one. などもよく耳にする。

□150
You too. あなたも。

上の Have a nice day. など、こちらを思いやる言葉に対する応答表現。きっと使うチャンスがあるはず。

ここではタクシーの運転手へのチップの渡し方に挑戦。高額紙幣だけだと苦労することがあるので、あらかじめ小額紙幣を用意しておこう。

Step 2 ダイアログを聞く DL-061 **Step 3** ロールプレイで音読！DL-062

相手：**Here we are.**
着きましたよ。

あなた：**Thanks. How much?**
ありがとう。いくらですか？

相手：**That'll be 18 dollars.**
18 ドルになります。

あなた：**Here you are. Keep the change.**
はいどうぞ。お釣りはいりません。

相手：**Thank you very much. Have a nice day.**
どうもありがとうございます。よい 1 日を。

あなた：**You too.**
あなたも。

Scene 16

42 番街に止まりますか？

Step 1 チャンツでフレーズを覚える DL-063

□151

Do you stop at 42nd Street? 42 番街に止まりますか？

Do you stop at ～？（～に止まりますか？）はバスの行き先を確認する際の表現。Does this bus stop at ～?、Is this the bus to ～？のように聞いてもよい。

□152

Hop in! 乗って！

Hop in! は、バスの運転手だけでなく、タクシーの運転手が使うのもよく耳にする。

□153

Do I pay now or later? 前払いですか、後払いですか？

直訳は「今払いますか、後ですか？」。事前にバスの乗り方を確認しておきたいが、知らないときはこう尋ねよう。

□154

The fare is 2.50. 料金は 2 ドル 50 セントです。

料金などを伝える場合、dollars などは省略されることもある。上の 2.50 は two fifty と読む。

□155

Can you tell me when to get off? 着いたら教えてくれますか？

直訳は「いつ降りるか私に教えてくれますか？」。こう伝えておけば、乗り過ごすこともなく安心して乗車できる。

□156

It's four stops. 4 つ目の停留所です。

「4 つ目の駅です」なら It's four stations.。いくつ目の停留所か知りたいときは How many stops to ～？（～まで何停留所ですか？）を使おう。

バス網が発達した都市では、バスでの移動が安くて便利。行き先に止まるかどうかの確認表現を押さえておけば、いろいろな所へ行けるよ。

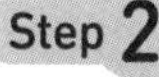

Step 2 ダイアログを聞く DL-064 **Step 3** ロールプレイで音読！ DL-065

あなた：**Do you stop at 42nd Street?**
42番街に止まりますか？

相手：**Sure. Hop in!**
ああ。乗って！

あなた：**Do I pay now or later?**
前払いですか、後払いですか？

相手：**You have to pay first. The fare is 2.50.**
前払いだよ。料金は2ドル50セント。

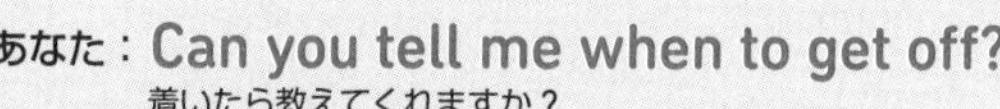

あなた：**Can you tell me when to get off?**
着いたら教えてくれますか？

相手：**It's easy. It's four stops.**
簡単さ。4つ目の停留所だよ。

Chapter 4 Review

❶ □133

あなた：M___ I a___ y___ s____________?

ちょっとお聞きしてもいいですか？

相手： Sure. How can I help you?

いいですよ。何かお困りですか？

❷ □137

あなた：H___ f___ i_ i_ f_____ h_____?

ここからどのくらいですか？

相手： It takes about 30 minutes on foot.

歩いて約 30 分です。

❸ □139

相手： Hi. W_______ t_?

こんにちは。どちらまで？

あなた：Hi. Take me to the airport, please.

こんにちは。空港までお願いします。

❹ □145

相手： H_____ w_ a___.

着きましたよ。

あなた：Thanks. How much?

ありがとう。いくらですか？

2日間学習したフレーズをおさらい。色文字の日本語を参考にして、各ダイアログの空所に当てはまるフレーズを、先頭の文字に続けて書き込もう。分からないときは、見出し番号を参照して復習しておこう（解答はこのページ下）。

Chapter 0 基本フレーズ
Chapter 1 機内
Chapter 2 入国
Chapter 3 ホテル
Chapter 4 移動
Chapter 5 観光
Chapter 6 買い物
Chapter 7 食事
Chapter 8 交流
Chapter 9 トラブル
Chapter 10 出国

5 □148

相手： **That'll be 18 dollars.**
18ドルになります。

あなた：**Here you are. K_____ t___ c_________.**
はいどうぞ。お釣りはいりません。

6 □151

あなた：**D__ y___ s_____ a__ 42nd S________?**
42番街に止まりますか？

相手： **Sure. Hop in!**
ああ。乗って！

7 □155

あなた：**C___ y___ t___ m__ w_____ t__ g___ o___?**
着いたら教えてくれますか？

相手： **It's easy. It's four stops.**
簡単さ。4つ目の停留所だよ。

解答

1. May I ask you something?
2. How far is it from here?
3. Where to?
4. Here we are.
5. Keep the change.
6. Do you stop at 42nd Street?
7. Can you tell me when to get off?

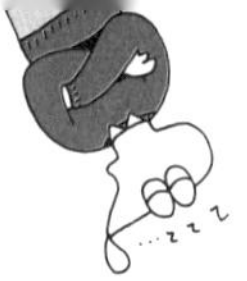

英語でもっと話してみよう！

ここまで学習したフレーズを使って、表現力をさらにアップ！「移動」編のフレーズは、Scene 8 に登場した How do I get to ～？（～へはどう行きますか？）。該当のトラックを呼び出して、「英語」→「日本語」の後の発信音に続けて文を音読しよう！

DL-066

the station
駅

the airport
空港

the stadium
スタジアム

How do I get to ～？
～へはどう行きますか？

the casino
カジノ

the palace
宮殿

the castle
城

ほかにも！

the park
公園

the museum
博物館／美術館

the theater
劇場

the market
市場

Chapter 5

観光

旅の醍醐味は、何と言っても「観光」。時間の許す限り、いろいろな所へ行ってみたい！　旅行ガイドブックに載っていない「お薦め情報」も、現地でゲットしてみよう。

Chapter 0

基本フレーズ
Chapter 1

機内
Chapter 2

入国
Chapter 3

ホテル
Chapter 4

移動
Chapter 5

観光
Chapter 6

買い物
Chapter 7

食事
Chapter 8

交流
Chapter 9

トラブル
Chapter 10

出国

英語でコレ言える？

▼

あなた：C__ y__ r________ a c______?
お薦めのコンサートはありますか？
相手：Sure. What kind of music do you like?
ええ。どんな音楽が好きですか？

▼

答えは **Day 10** でチェック！

「観光」の、まずはコレだけ！

Step 1 ダイアログを聞く DL-067　**Step 2** ロールプレイで音読！ DL-068

□157
あなた：**Two adults and one child, please.**
大人 2 枚と子ども 1 枚、お願いします。

□158
相手：**Visitors under 18 are free.**
18 歳未満のお客さまは無料です。

「子ども 2 枚」なら two children のように child を children にする。under 18 は「18 歳未満の」。

□159
あなた：**Can I take pictures here?**
ここで写真を撮ってもいいですか？

□160
相手：**Yes, but don't use flash, please.**
ええ、でもフラッシュは使わないでください。

撮影可能かどうかは、美術館などに入る前に確認しておきたいが、分からない場合は上のように尋ねよう。標識の No Photography は「撮影禁止」、No Flash は「フラッシュ禁止」を表している。

□161
あなた：**Do you have tickets for tonight?**
今晩のチケットはありますか？

□162
相手：**Sorry, they are sold out.**
申し訳ありませんが、売り切れました。

Do you have tickets for ～? で「～のチケットはありますか？」を表す。Do you have tickets for this musical? なら「このミュージカルのチケットはありますか？」。be sold out は「売り切れである」。

シーン別の学習に入る前に、1 往復の短いダイアログで口慣らし。Step 1 でダイアログを聞いたら、Step 2 で「あなた」のパートを音読しよう。

□ 163
あなた：**Excuse me. Is this seat taken?**
すみません。この席は空いていますか？

□ 164
相手：**No, help yourself.**
ええ、どうぞ。

Is this seat taken? の直訳は「このシートは取られていますか？」なので、空いている場合は No、空いていない場合は Yes になるので注意。Help yourself. は「どうぞ（ご自由に）」という意味で、Go ahead. も同じように用いられる。

□ 165
相手：**How about this tour?**
このツアーはどうですか？

□ 166
あなた：**OK. I'll take it.**
そうですね。それにします。

How about ～？は「～はどうですか？」と提案する際の表現。I'll take ～. は「～にします」と申し込んだり、買う物を決めた際に使う。

□ 167
あなた：**What a view!**
いい眺め！

□ 168
相手：**Yeah, beautiful, isn't it?**
ええ、美しいですね。

きれいな景色を目にしたら、せっかくだから英語で What a view! と言って、感動を分かち合ってみよう。

Scene 17
半日のツアーに参加します。

Step 1 チャンツでフレーズを覚える DL-069

□169
I'd like to book a city tour. 市内ツアーを予約したいのですが。

このbook は動詞で「～を予約する」。reserve も同じ意味。

□170
When would you like it? いつがいいですか？

直訳は「いつそれが欲しいですか？」。このit は上のフレーズのa city tour を指している。

□171
Do you have a brochure? パンフレットはありますか？

brochure は「パンフレット」。pamphlet も同じ意味だが、brochure のほうがよく使われる。

□172
We have half- and full-day tours. 半日と1日のツアーがあります。

half-day は「半日の」、full-day は「(丸) 1日の」という意味。

□173
I'll take the half-day tour. 半日のツアーに参加します。

take a tour で「ツアーに参加する」を表す。I'll take ～. は買い物などで「～をください、～にします」と言う場合にも使う。

□174
We will meet here at 9 a.m. 午前9時にここに集合です。

「集合する」は meet で OK。集合時間と場所を尋ねたいなら When and where will we meet?（集合はいつでどこですか？）を使おう。

現地でのツアーは、市内の観光案内所などでも申し込める。お薦めのツアーなどは、ホテルのコンシェルジュも相談に乗ってくれるはず。

Step 2 ダイアログを聞く DL-070　**Step 3** ロールプレイで音読！ DL-071

あなた：**Hi. I'd like to book a city tour.**
こんにちは。市内ツアーを予約したいのですが。

相手：**Yes. When would you like it?**
はい。いつがいいですか？

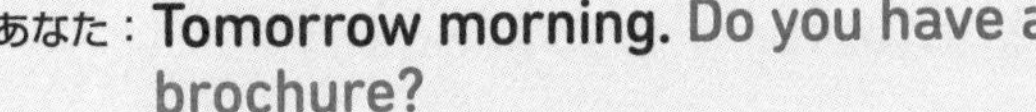

あなた：**Tomorrow morning. Do you have a brochure?**
明日の朝です。パンフレットはありますか？

相手：**Yes. Here you are. We have half- and full-day tours.**
はい。どうぞ。半日と1日のツアーがあります。

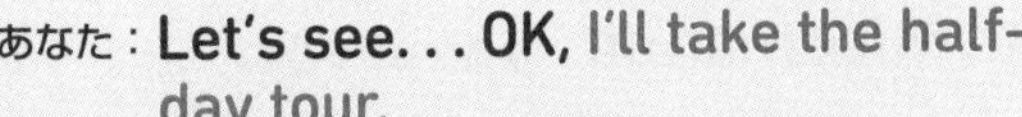

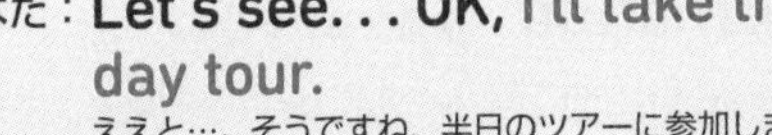

あなた：**Let's see. . . OK, I'll take the half-day tour.**
ええと…。そうですね、半日のツアーに参加します。

相手：**Sure. Please fill out this form. We will meet here at 9 a.m.**
かしこまりました。この用紙にご記入ください。午前9時にここに集合です。

Scene 18

お薦めのコンサートは？

Step 1 チャンツでフレーズを覚える 》DL-072

□175

Can you recommend a concert? お薦めのコンサートはありますか？ ▸▸▸

Can you recommend ～？で「お薦めの～を教えてくれませんか？、お薦めの～はありますか？」を表す。a movie、an opera、a play などを入れて使ってみよう。

□176

What kind of music do you like? どんな音楽が好きですか？ ▸▸▸

What kind of ～？で「どんな（種類の）～？」。What kind of movies do you like? なら「どんな映画が好きですか？」。

□177

I like classical music. クラシック音楽が好きです。 ▸▸▸

I'm a big fan of classical music.（クラシック音楽の大ファンです）などと言ってもOK。

□178

How about this one? これはどうですか？ ▸▸▸

How about ～？は「～はどうですか？」と提案する際の表現。What about ～？も同じように使う。

□179

Thanks for the information. 情報をありがとう。 ▸▸▸

貴重な情報をくれたことに対する感謝の表現。Thank you for the information. のほうが丁寧。

□180

I think it's a must-see. （それは）必見だと思います。 ▸▸▸

must-see は名詞で「必見のもの［場所］」という意味。The cathedral is a must-see.（その大聖堂は必見です）のように、観光名所についてもよく使われる。

劇やオペラ、ミュージカルなどに行ってみたいけど、特にこれとは決まっていなければ、お薦めを聞くのも１つの手だよ。

Step 2 ダイアログを聞く DL-073　**Step 3** ロールプレイで音読！DL-074

あなた：**Can you recommend a concert?**
お薦めのコンサートはありますか？

相手：**Sure. What kind of music do you like?**
ええ。どんな音楽が好きですか？

あなた：**I like classical music.**
クラシック音楽が好きです。

相手：**There are some. But how about this one?**
いくつかありますよ。でも、これはどうですか？

あなた：**The Vienna Symphony is performing! Thanks for the information.**
ウィーン交響楽団が演奏するんですね！　情報をありがとう。

相手：**You're welcome. I think it's a must-see.**
どういたしまして。必見だと思いますよ。

Scene 19
写真を撮っていただけますか？

Step 1 チャンツでフレーズを覚える DL-075

□181
Could you take a photo of us? 写真を撮っていただけますか？

写真を撮ってもらうときの表現。お願いするのだから、丁寧に Could you ～？を使おう。自分 1 人だけ撮ってもらうなら Could you take a photo of me?。

□182
Just push this button? このボタンを押すだけですか？

Do I just push this button? と完全な文にしなくても、これだけでも OK。

□183
Can you include that building? あのビルを入れてくれますか？

include は「～を含める」という意味。「景色を入れてくれますか？」なら Can you include the scenery?。

□184
Say cheese! はい、チーズ！

シャッターを切るときの定番表現。Give me a smile!（笑って！）と言ってもよい。

□185
Shall I take a picture for you? 写真を撮りましょうか？

Shall I ～？は「～しましょうか？」と申し出る際の表現。写真を撮ってもらったら、お礼に相手の写真も撮ってあげよう。

□186
Yes, please. はい、お願いします。

相手の申し出をありがたく受け入れるときに使う。断る場合は No, thanks.（いいえ、結構です）。

友人や家族と旅行しているなら、全員が入った写真を１枚でも多く撮っておきたいもの。日本で逆の立場になることもきっとあるはず。

Step 2 ダイアログを聞く DL-076　**Step 3** ロールプレイで音読！ DL-077

あなた：**Excuse me.** Could you take a photo of us?
すみません。写真を撮っていただけますか？

相手：**Sure.** Just push this button?
いいですよ。このボタンを押すだけですか？

あなた：**Yes.** Can you include that building?
そうです。あのビルを入れてくれますか？

相手：**OK. Everybody!** Say cheese!
分かりました。皆さん！　はい、チーズ！

あなた：**Thank you very much.** Shall I take a picture for you?
どうもありがとうございます。写真を撮りましょうか？

相手：Yes, please. **Thanks.**
はい、お願いします。ありがとう。

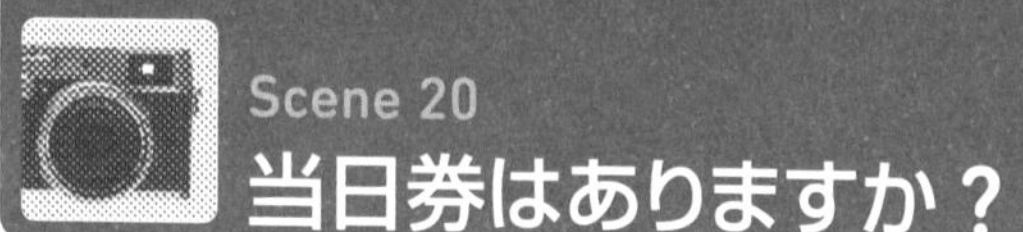

Scene 20
当日券はありますか？

Step 1 チャンツでフレーズを覚える DL-078

□187
Do you have tickets for today? 当日券はありますか？

「前売り券」は advance ticket。

□188
We have some in the mezzanine. メザニンにいくつかあります。

この some は代名詞で「いくつか」を表す。

□189
What's that? それは何ですか？

相手の言った単語の意味が分からなかったら、この表現を使って確認しよう。

□190
It means the seats above the first floor. 1階の上の席のことです。

It means ～. で「それは～を意味します、～のことです」を表す。ここでは mezzanine が「1階の上の席＝（中）2階席」であると答えている。ちなみに「1階席」は orchestra。

□191
Three adults, please. 大人3枚、お願いします。

「大人2枚と子ども1枚［2枚］、お願いします」なら、Two adults and one child [two children], please. と言う。

□192
That comes to 210 dollars. 合計210ドルです。

That comes to ～.（合計～です）は会計時によく使われる表現。

今回は、予約なしで当日券を求めるシーンに挑戦。劇場のセクションごとの席の呼び方も、ついでに覚えちゃおう。

Step 2 ダイアログを聞く DL-079　**Step 3** ロールプレイで音読！ DL-080

あなた：**Hi.** Do you have tickets for today?
こんにちは。当日券はありますか？

相手：**Yes.** We have some in the mezzanine.
ええ。メザニンにいくつかあります。

あなた：**Mezzanine?** What's that?
メザニン？　それは何ですか？

相手：It means the seats above the first floor.
1 階の上の席のことです。

あなた：**I see.** Three adults, please.
分かりました。大人 3 枚、お願いします。

相手：That comes to 210 dollars.
合計 210 ドルです。

Chapter 5 Review

❶ □171

あなた：D__ y___ h_____ a b_____________?

パンフレットはありますか？

相手： **Yes. Here you are.**

はい。どうぞ。

❷ □173

あなた：I__ t_____ t___ h____-d___ t_____.

半日のツアーに参加します。

相手： **Sure. Please fill out this form.**

かしこまりました。この用紙にご記入ください。

❸ □175

あなた：C___ y___ r_______________ a c___________?

お薦めのコンサートはありますか？

相手： **Sure. What kind of music do you like?**

ええ。どんな音楽が好きですか？

❹ □181

あなた：C______ y___ t_____ a p_______ o__ u__?

写真を撮っていただけますか？

相手： **Sure. Just push this button?**

いいですよ。このボタンを押すだけですか？

2日間学習したフレーズをおさらい。色文字の日本語を参考にして、各ダイアログの空所に当てはまるフレーズを、先頭の文字に続けて書き込もう。分からないときは、見出し番号を参照して復習しておこう（解答はこのページ下）。

5 □183

あなた：**C___ y___ i________ t_____ b_________?**
あのビルを入れてくれますか？

相手：**OK. Everybody! Say cheese!**
分かりました。皆さん！ はい、チーズ！

6 □187

あなた：**D__ y___ h_____ t_________ f___ t_______?**
当日券はありますか？

相手：**Yes. We have some in the mezzanine.**
ええ。メザニンにいくつかあります。

7 □192

あなた：**Three adults, please.**
大人3枚、お願いします。

相手：**T_____ c______ t__ 210 d_________.**
合計210ドルです。

解答

1. Do you have a brochure?
2. I'll take the half-day tour.
3. Can you recommend a concert?
4. Could you take a photo of us?
5. Can you include that building?
6. Do you have tickets for today?
7. That comes to 210 dollars.

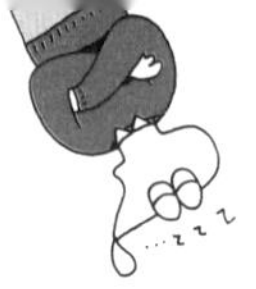

英語でもっと話してみよう！

ここまで学習したフレーズを使って、表現力をさらにアップ！「観光」編のフレーズは、Scene 18に登場したCan you recommend ～？（お薦めの～はありますか？)。該当のトラックを呼び出して、「英語」→「日本語」の後の発信音に続けて文を音読しよう！

DL-081

a movie
映画

an opera
オペラ

a play
劇

Can you recommend ～？
お薦めの～はありますか？

a tour
ツアー

a musical
ミュージカル

an event
イベント

ほかにも！

a shopping area
ショッピング街

a jazz club
ジャズクラブ

a nightclub
（ナイト）クラブ

a gallery
美術館

Chapter 6
買い物

「買い物」は、「観光」に並ぶ旅の楽しみの 1 つ。デパートやショップだけでなく、時間があったらマーケットにも足を運んでみたい。ここなら少々値切っても大丈夫かも ?!

英語でコレ言える？

あなた：C__ y__ g___ m_ a d_______?
まけてくれませんか？
相手：Well. . . if you buy more than one.
そうですね…、2 つ以上買うなら。

答えは Day 13 でチェック！

「買い物」の、まずはコレだけ！

Step 1 ダイアログを聞く 🔊 DL-082　**Step 2** ロールプレイで音読！🔊 DL-083

□193
相手：**Can I help you find something?**
何かお探しですか？

□194
あなた：**No, I'm just looking.**
いいえ、見ているだけです。

Can I help you find something? は、直訳の「あなたが何か探すのを手伝ってもいいですか？」から転じて、上のような意味になる。手伝ってもらいたいときは Yes, please.、そうでなければ I'm just looking. と答えよう。

□195
相手：**Can I help you?**
お手伝いしましょうか？

□196
あなた：**I'm being helped.**
応対してもらっています。

Can I help you? は May I help you? とも言う。既にほかの店員に応対してもらっているならば、I'm being helped. と答えればよい。

□197
あなた：**Where's the fitting room?**
試着室はどこですか？

□198
相手：**Come this way, please.**
こちらへどうぞ。

fitting room は「試着室」。Can I try this on?（これを試着してもいいですか？）も覚えておこう。

シーン別の学習に入る前に、1 往復の短いダイアログで口慣らし。Step 1 でダイアログを聞いたら、Step 2 で「あなた」のパートを音読しよう。

□ 199
相手：**How does it fit?**
サイズはどうですか？

□ 200
あなた：**It fits perfectly.**
ぴったりです。

How does it fit? は直訳の「それはどのようにフィットしますか？」から転じて、上のような意味になる。「ぴったり」なら It fits perfectly.、「大き［小さ］すぎる」なら It's too big [small]. と答えよう。

□ 201
あなた：**Can you gift-wrap it?**
贈り物用に包装してくれますか？

□ 202
相手：**Sure. But it costs extra.**
いいですよ。でも追加料金がかかります。

gift-wrap は「～を贈り物用に包装する」。大切な人への贈り物なら、きれいに包装してもらいたいもの。cost extra は「追加料金がかかる」。

□ 203
あなた：**Can I pay by credit card?**
クレジットカードは使えますか？

□ 204
相手：**Sorry, cash only, please.**
申し訳ありませんが、現金のみです。

Can I pay by credit card? は Do you accept credit cards? と言ってもよい。後者の直訳は「クレジットカードを受けつけますか？」。現金のみの店では、店先に Cash Only と掲示されていることもある。

Scene 21

お土産を探しているんです。

Step 1 チャンツでフレーズを覚える DL-084

□ 205

May I help you? お手伝いしましょうか？

店員が客に最初に言う決まり文句。直訳は「あなたを手伝ってもいいですか？」だが、「お手伝いしましょうか？」といったニュアンスで使われる。Can I help you? とも言う。

□ 206

I'm looking for some souvenirs. お土産を探しています。

欲しい物があったら、I'm looking for ～.（～を探しています）を使おう。souvenirs（土産）は gifts にしても OK。

□ 207

It's popular among tourists. （それは）観光客に人気です。

こちらから「何が観光客に人気ですか？」と聞く場合は、What's popular among tourists? と言おう。

□ 208

I'll take five of them. それを 5 つください。

I'll take ～.（～をください、～にします）は買う物を決めた際の定番表現。「これ［それ］をください」は I'll take this [it].。

□ 209

Do you need a bag? 袋はいりますか？

ここでの bag は購入物を入れる「袋」のこと。plastic bag（ビニール袋）も覚えておこう。希望しないと袋をくれない店もある。

□ 210

Can I have five bags? 5 枚もらえますか？

お土産はかわいい袋に入れて渡したいもの。希望しないと 1 枚しかくれないので、こちらからお願いしよう。

海外旅行の楽しみの 1 つはショッピング。まずは、日本へのお土産を買うシーンに挑戦しよう。うまく人気のお土産をゲットできたかな？

Step 2 ダイアログを聞く DL-085　**Step 3** ロールプレイで音読！ DL-086

相手：**Good afternoon.** May I help you?
こんにちは。お手伝いしましょうか？

あなた：**Yes, please.** I'm looking for some souvenirs.
はい、お願いします。お土産を探しているんです。

相手：**How about this chocolate?** It's popular among tourists.
このチョコレートはどうですか？　観光客に人気です。

あなた：**OK,** I'll take five of them.
そうですね、それを 5 つください。

相手：**Sure.** Do you need a bag?
分かりました。袋はいりますか？

あなた：**Yes, please.** Can I have five bags? **I'd like to wrap them separately.**
はい、お願いします。5 枚もらえますか？　別々に包みたいので。

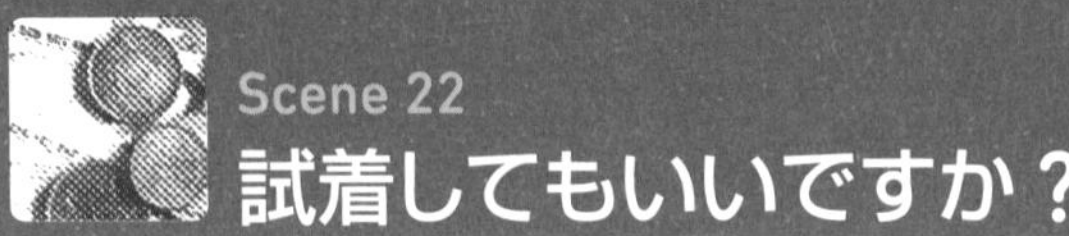

Scene 22

試着してもいいですか？

Step 1 チャンツでフレーズを覚える DL-087

□211

Can I try this on? これを試着してもいいですか？

try on で「〜を試着する」を表す。服だけでなく、帽子や靴など、身につける物にも使える。try these shoes on なら「この靴を履いてみる」。

□212

The fitting room is over there. 試着室はあちらです。

fitting room は「試着室」。changing room とも言う。

□213

What do you think? どう思いますか？

What do you think? は相手の意見や考えを尋ねる際の表現。日本語の「どう」につられて、What を How にしないように注意。

□214

It looks good on you. お似合いです。

look good on 〜で「(服などが) 〜に似合っている」という意味。直訳は「それはあなたに似合っています」。

□215

Do you have it in any other colors? ほかの色のはありますか？

直訳は「ほかの色のそれを持っていますか？」。「小さい［大きい］サイズのはありますか？」なら Do you have it in a smaller [larger] size? となる。

□216

Let me check. 確認します。

「確認しますからお待ちください」といったニュアンスで使われる。

お気に入りの服があったら、後悔することがないように試着を申し出よう。今回は、試着の際の定番フレーズが満載！

Step 2 ダイアログを聞く DL-088　**Step 3** ロールプレイで音読！ DL-089

あなた：**Excuse me. Can I try this on?**
すみません。これを試着してもいいですか？

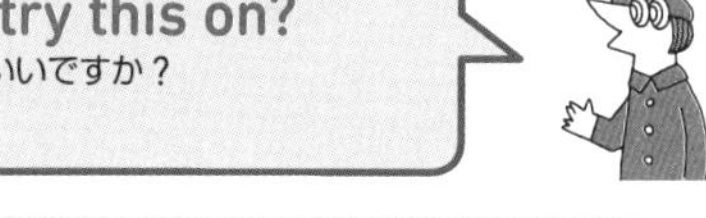

相手：**Sure. Go ahead. The fitting room is over there.**
ええ。どうぞ。試着室はあちらです。

あなた：(minutes later) **What do you think?**
（数分後）どう思いますか？

相手：**It looks good on you.**
お似合いですよ。

あなた：**Do you have it in any other colors?**
ほかの色のはありますか？

相手：**Let me check.**
確認します。

Scene 23
まけてくれませんか？

Step 1 チャンツでフレーズを覚える DL-090

☐217
How much is this? これはいくらですか？ ▶▶▶

自分が手にしている物や、手元にある物を指さしながら使う。相手の近くにある物なら How much is that?（それはいくらですか？）と聞こう。

☐218
They're 20 dollars each. 1つ20ドルです。 ▶▶▶

each は「1つにつき、それぞれ」という意味。

☐219
Can you give me a discount? まけてくれませんか？ ▶▶▶

discount は「割引」。直訳の「私に割引をくれませんか？」から上のような意味になる。表現を丸ごと覚えておこう。

☐220
If you buy more than one. 2つ以上買うなら。 ▶▶▶

文頭に I'll give you a discount（まけてあげましょう）が省略された形。

☐221
Would you take 15 dollars? 15ドルにまけてもらえませんか？ ▶▶▶

Would you take ～ dollars? で「～ドルにまけてもらえませんか？」を表す。金額を提示して割引交渉する際に使える。Will you take ～ dollars? よりも丁寧。

☐222
You win. あなたの言う通りにします。／あなたの勝ちです。 ▶▶▶

相手に譲歩する際の表現。

デパートやスーパーでは無理だけど、フリーマーケットや市場では、値切るのも楽しみの１つ。今回はその交渉術をマスターしよう。

Step 2 ダイアログを聞く 》DL-091　**Step 3** ロールプレイで音読！》DL-092

あなた：**Hi. How much is this?**
こんにちは。これはいくらですか？

相手：**They're 20 dollars each.**
１つ 20 ドルです。

あなた：**Um. . . that's a bit expensive. Can you give me a discount?**
うーん…、ちょっと高いですね。まけてくれませんか？

相手：**Well. . . if you buy more than one.**
そうですね…、２つ以上買うなら。

あなた：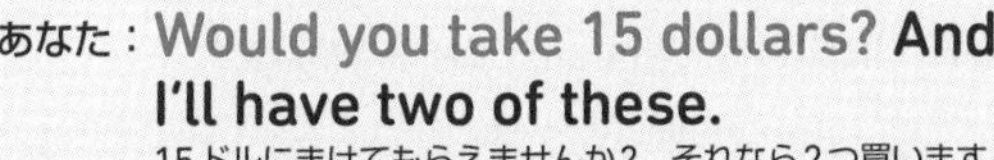
Would you take 15 dollars? And I'll have two of these.
15 ドルにまけてもらえませんか？　それなら２つ買いますよ。

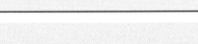

相手：**OK. You win.**
分かりました。あなたの言う通りにしましょう。

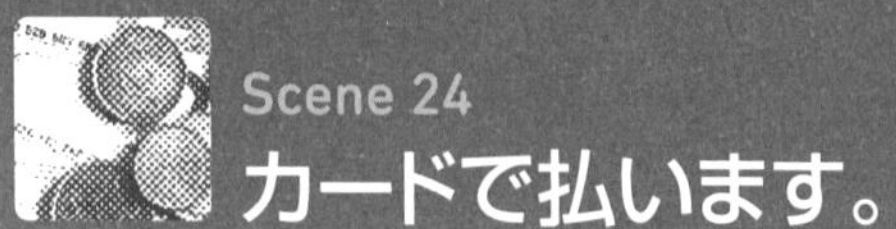

Scene 24
カードで払います。

Step 1 チャンツでフレーズを覚える DL-093

□ 223
I'll take this. これをください。

何も言わずに手渡しても会計をしてくれるだろうが、せっかくだからこう言ってから手渡そう。

□ 224
Cash or charge? 現金ですか、カードですか？

この charge は「カードによる支払い」を表す。意外と知られていない表現だが、会計時によく聞かれるので押さえておこう。

□ 225
Excuse me? もう１度言ってください。

相手の言ったことが聞き取れなかったり、分からなかった際の表現。文末は上昇調で話す。Pardon me? も同じ意味。

□ 226
How would you like to pay? お支払いはどうしますか？

支払い方法を聞く際の表現。右のダイアログでは、Cash or charge? の意味を「あなた」が理解していないと判断して、ほかの表現で言い換えている。

□ 227
I'll pay by credit card. （クレジット）カードで払います。

「現金で［デビットカードで］払います」は I'll pay in cash [by debit card].。「現金で」は in cash のように、by ではなく in を使うことが多い。

□ 228
Please enter your PIN. 暗証番号を入力してください。

カード決済端末機がある店では、サインではなく PIN（暗証番号）の入力を求められることもある。

ショッピングが旅の最大の目的の人は、今回のシーンに一番よく遭遇するかも。「最大」の目的でない人も、しっかり押さえておこう。

Step 2 ダイアログを聞く DL-094　**Step 3** ロールプレイで音読！ DL-095

あなた：I'll take this.
これをください。

相手：Yes. Cash or charge?
はい。現金ですか、カードですか？

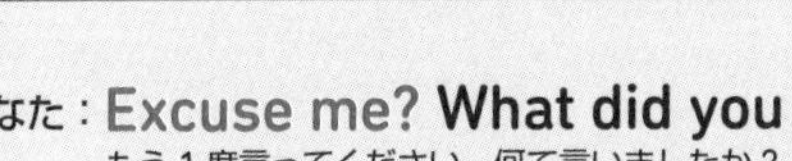

あなた：Excuse me? What did you say?
もう１度言ってください。何て言いましたか？

相手：Cash or charge? How would you like to pay?
現金ですか、カードですか？　お支払いはどうしますか？

あなた：Oh, I see. I'll pay by credit card.
あっ、分かりました。カードで払います。

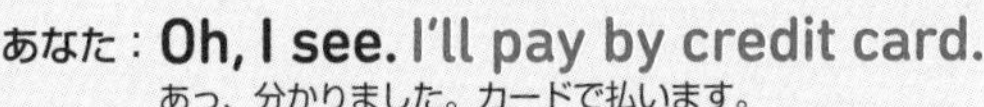

相手：Sure. Please enter your PIN.
かしこまりました。暗証番号を入力してください。

Chapter 6 Review

❶ □205

相手：Good afternoon. M___ I h____ y___?
こんにちは。お手伝いしましょうか？

あなた：Yes, please.
はい、お願いします。

❷ □208

あなた：I__ t_____ f____ o_ t_____.
それを 5 つください。

相手：Sure. Do you need a bag?
分かりました。袋はいりますか？

❸ □211

あなた：C___ I t___ t____ o_?
これを試着してもいいですか？

相手：Sure. Go ahead.
ええ。どうぞ。

❹ □219

あなた：C___ y___ g____ m_ a d__________?
まけてくれませんか？

相手：Well. . . if you buy more than one.
そうですね…、2 つ以上買うなら。

2日間学習したフレーズをおさらい。色文字の日本語を参考にして、各ダイアログの空所に当てはまるフレーズを、先頭の文字に続けて書き込もう。分からないときは、見出し番号を参照して復習しておこう（解答はこのページ下）。

5 □221

あなた：**W______ y___ t_____ 15 d_________?**

15ドルにまけてもらえませんか？

相手：**OK. You win.**

分かりました。あなたの言う通りにしましょう。

6 □224

あなた：**I'll take this.**

これをください。

相手：**Yes. C_____ o__ c_________?**

はい。現金ですか、カードですか？

7 □227

相手：**How would you like to pay?**

お支払いはどうしますか？

あなた：**I__ p___ b__ c________ c_____.**

カードで払います。

解答

1. May I help you?
2. I'll take five of them.
3. Can I try this on?
4. Can you give me a discount?
5. Would you take 15 dollars?
6. Cash or charge?
7. I'll pay by credit card.

英語でもっと話してみよう！

ここまで学習したフレーズを使って、表現力をさらにアップ！「買い物」編のフレーズは、Scene 21 に登場した I'll take ～.（～をください）。該当のトラックを呼び出して、「英語」→「日本語」の後の発信音に続けて文を音読しよう！

DL-096

this dress
このドレス

this T-shirt
このTシャツ

this blouse
このブラウス

I'll take ～.
～をください。

this jacket
このジャケット

these pants
このズボン

these shoes
この靴

ほかにも！

this sweater
このセーター

this tie
このネクタイ

these boots
このブーツ

these earrings
このピアス［イヤリング］

Chapter 7
食事

ガイドブックに載っている有名レストランの1つには、ぜひとも行きたいもの。ディナーに予算を取っておくために、お昼はファストフードってことも。おなかが鳴りそうな「食事」ワールドへようこそ！

英語でコレ言える？

相手：Do you have a reservation?
ご予約はなさってますか？
あなた：No. D_ y__ h______ a t____ f__ t____?
いいえ。3名のテーブルはありますか？

答えは Day 14 でチェック！

「食事」の、まずはコレだけ！

Step 1 ダイアログを聞く DL-097　**Step 2** ロールプレイで音読！ DL-098

☐229
あなた：**Is there a dress code?**
ドレスコードはありますか？

☐230
相手：**No. Casual wear is fine.**
いいえ。カジュアルウエアで構いません。

レストランを予約する際には、念のため Is there a dress code? を使ってドレスコードがあるかどうか確認しておこう。～ is fine. は「～で構いません」。

☐231
相手：**Can I take your order?**
ご注文はお決まりですか？

☐232
あなた：**A few more minutes, please.**
もう少し時間をください。

Can I take your order? の直訳は「ご注文を受けてもいいですか？」。Are you ready to order? も同じように使われる。決まっている場合は、Yes, I'll have ～ .、Yes, I'd like ～ . を使って注文しよう。決まってない場合は、上のフレーズで OK。

☐233
あなた：**Can you recommend something?**
何かお薦めはありますか？

☐234
相手：**The chef's special is very good.**
シェフのお薦め料理はとてもおいしいですよ。

Can you recommend ～？（お薦めの～を教えてくれませんか？、お薦めの～はありますか？）は、相手のお薦めを聞く際の便利な表現。chef's special の special は「お薦め［特別］料理」のことで、today's special なら「本日のお薦め料理」。

シーン別の学習に入る前に、1 往復の短いダイアログで口慣らし。Step 1 でダイアログを聞いたら、Step 2 で「あなた」のパートを音読しよう。

☐ 235
あなた：**Excuse me. I dropped my fork.**
すみません。フォークを落としました。

☐ 236
相手：**I'll get you a clean one.**
新しい物をお持ちします。

食事中にフォークやスプーン、ナイフを落としてしまった場合、自分で拾うのはマナー違反。ウエーターに I dropped my fork. と伝えて新しい物を持ってきてもらおう。I'll get you ～. は「(あなたに) ～をお持ちします」。

☐ 237
あなた：**Where's the restroom?**
トイレはどこですか？

☐ 238
相手：**It's in the basement.**
地下にあります。

「トイレ」は、イギリス英語ではそのまま toilet で OK だが、アメリカ英語では restroom と言う。basement は「地下 (室)、地階」。

☐ 239
相手：**Is there anything else I can get you?**
ほかにご注文はありますか？

☐ 240
あなた：**No, just the check, please.**
いいえ、お勘定をお願いします。

食事が終わって勘定をもらう際は、アメリカ英語では The check, please.、イギリス英語では The bill, please. を使う。丁寧に言いたい場合は May I have the check [bill], please? を使おう。

Scene 25

3 名のテーブルはありますか？

Step 1 チャンツでフレーズを覚える DL-099

□ 241

Do you have a reservation? ご予約はなさってますか？

レストランの入り口でよく尋ねられるフレーズ。予約済みなら、こちらから I have a reservation. My name is ～.（予約してあります。名前は～です）と最初に伝えてもよい。

□ 242

Do you have a table for three? 3 名のテーブルはありますか？

A table for three, please.（3 名のテーブルをお願いします）と言っても OK。reserve a table for ～（～名のテーブルを予約する）も覚えておこう。

□ 243

We're full right now. 現在、満席です。

We're fully booked tonight.（今夜は予約でいっぱいです）と言われたら、ほかを探そう。

□ 244

How long is the wait? 待ち時間はどれくらいですか？

この wait は名詞で「待ち時間」という意味。How long would we have to wait?（どのくらい待たなくてはなりませんか？）と聞いてもよい。

□ 245

It could be 30 minutes or so. 30 分ほどでしょう。

この could は「～だろう、～かもしれない」という推量を表している。～ or so は「～くらい」。

□ 246

We'll be back in 30 minutes. 30 分後に戻ってきます。

「（今から）～後に」と言う場合、前置詞は in を使う。in two days なら「（今から）2 日後に」。

「食事」の最初は、予約なしでレストランへ行くシーン。気に入った店なら、少しの待ち時間なら我慢できる？

Step 2 ダイアログを聞く DL-100　**Step 3** ロールプレイで音読！ DL-101

相手：**Good evening.** Do you have a reservation?
こんばんは。ご予約はなさってますか？

あなた：**No.** Do you have a table for three?
いいえ。3名のテーブルはありますか？

相手：**I'm sorry.** We're full right now.
申し訳ありません。現在、満席です。

あなた：**Oh, that's unfortunate.** How long is the wait?
あら、それは残念。待ち時間はどれくらいですか？

相手：**Let's see...** It could be 30 minutes or so.
そうですね…。30分ほどでしょう。

あなた：**OK.** We'll be back in 30 minutes.
分かりました。30分後に戻ってきます。

Scene 26
それを 3 つお願いします。

Step 1 チャンツでフレーズを覚える DL-102

□ 247

Excuse me. すみません。

さまざまな場面で使える表現だが、レストランでもウエーターなどに「すみません」と話しかける際に使う。大声で呼ぶのではなく、近くを通るときに話しかけるほうがスマート。

□ 248

Have you decided? お決まりですか？

Are you ready to order?（ご注文はお決まりですか？）と同じように用いられる。

□ 249

Not yet. まだです。

Have you decided? に対してのほか、レストランや機内で Are you finished?（［食事は］お済みですか？）などと聞かれたときにも使える。

□ 250

How about today's special? 本日のお薦め料理はどうですか？

How about ～？は「～はどうですか？」。special は「お薦め［特別］料理」のことで、chef's special（シェフのお薦め料理）などとメニューに載っていることもある。

□ 251

Make it three, please. それを 3 つお願いします。

全員分をまとめて注文する際の便利な表現。Make it two, please. なら「それを 2 つお願いします」。同じ料理を注文するときは Same here.（同じものを）などと言う。

□ 252

It's on the back of the menu. メニューの裏面にあります。

メニューとワインリストが別々の場合は、I'll get you one right away.（すぐにお持ちします）などと言って、持ってきてくれるはず。

メニューを渡されたけど、何が何だかチンプンカンプン。でも大丈夫。今回のシーンでは、そんな状況の脱出法を伝授！

Step 2 ダイアログを聞く DL-103　**Step 3** ロールプレイで音読！DL-104

あなた：**Excuse me.**
すみません。

相手：**Yes. Have you decided?**
はい。お決まりですか？

あなた：**Actually, not yet. Can you recommend something?**
実は、まだなんです。何かお薦めはありますか？

相手：**How about today's special? It's very good.**
本日のお薦め料理はどうですか？　とてもおいしいですよ。

あなた：**Looks good. Make it three, please. Can I see the wine list?**
よさそうですね。それを 3 つお願いします。ワインリストを見せてもらえますか？

相手：**It's on the back of the menu.**
メニューの裏面にあります。

Scene 27
ミディアムにしてください。

Step 1 チャンツでフレーズを覚える DL-105

□253
Are you ready to order? ご注文はお決まりですか？ ▸▸▸

Have you decided? とともに、注文を聞く際の定番表現。Are you を省略して、Ready to order? と聞いてくることもある。

□254
I'll have this one. これをください。 ▸▸▸

メニューの英語が難しかったら、指さしながらこう言って注文しても OK。メニューの内容が分からなかったら、What's this?（これは何ですか？）と聞いてみよう。

□255
How would you like your steak? 焼き加減はどうしますか？ ▸▸▸

直訳の「ステーキをどのようにしたいですか？」から、上のような意味になる。How would you like it? と聞かれることもある。

□256
Medium, please. ミディアムにしてください。 ▸▸▸

I'd like it medium. と答えもいいが、上のように短く言っても OK。

□257
What would you like to drink? お飲み物は何にしますか？ ▸▸▸

飲み物の注文を聞く際の定番表現。Would you like something to drink?、または短く Something to drink? と聞かれることもある。

□258
Can you recommend some wine? お薦めのワインはありますか？ ▸▸▸

I'll have ～. や I'd like ～. を使って注文してもいいが、上のようにお薦めを聞くのも 1 つの手。

アメリカに行ったなら、一度は本場のステーキを食べたい！ それも、お薦めのワインと一緒に！ おなかがグーッと鳴りそうなシーンをどうぞ！

Step 2 ダイアログを聞く DL-106 **Step 3** ロールプレイで音読！DL-107

相手：**Are you ready to order?**
ご注文はお決まりですか？

あなた：**Yes. I'll have this one.**
はい。これをください。

相手：**Beef sirloin. . . very well. How would you like your steak?**
ビーフサーローインですね…かしこまりました。焼き加減はどうしますか？

あなた：**Medium, please.**
ミディアムにしてください。

相手：**And what would you like to drink?**
それと、お飲み物は何にしますか？

あなた：**Can you recommend some wine?**
お薦めのワインはありますか？

Scene 28
店内で食べます。

Step 1 チャンツでフレーズを覚える DL-108

□259
What can I get you? 何にしますか？

直訳は「あなたに何を取ってきたらいいですか？」。What would you like?（何がいいですか？）、Can I take your order?（ご注文は？）などと聞かれることもある。

□260
I'll have a hamburger. ハンバーガーをください。

ファストフード店なら、丁寧に I'd like ～. を使わなくても、I'll have ～. か～, please. で OK。

□261
Something to drink? お飲み物は？

Would you like something to drink? の Would you like が省略された形。Anything to drink? と聞かれることもある。

□262
A small Coke, please. コカコーラの S をください。

サイズなしで答えると Which size?（どのサイズ？）などと聞かれるので、最初から small（S）、medium（M）、large（L）をつけておこう。

□263
For here or to go? こちらでお召し上がりですか、お持ち帰りですか？

ファストフード店で注文を終えると、多くの場合こう聞かれる。イギリス、オーストラリア、ニュージーランドでは、(To) eat in or take away? が使われることが多い。

□264
For here, please. こちらで食べます。

上の質問に対し、For here, please. か To go, please. と答える。最初から A hamburger to go, please.（ハンバーガーを持ち帰りでお願いします）と注文することもできる。

今回のシーンでは、ちょっと気軽にファストフードでハンバーガーを注文！
途中まではうまくいけそうだけど、最後に聞き慣れない質問が ?!

Step 2 ダイアログを聞く DL-109　**Step 3** ロールプレイで音読！DL-110

相手：**Hi. What can I get you?**
こんにちは。何にしますか？

あなた：**Hi. I'll have a hamburger.**
こんにちは。ハンバーガーをください。

相手：**Sure. Something to drink?**
はい。お飲み物は？

あなた：**A small Coke, please.**
コカコーラのＳをください。

相手：**OK. For here or to go?**
分かりました。こちらでお召し上がりですか、お持ち帰りですか？

あなた：**For here, please.**
こちらで食べます。

Chapter 7 Review

❶ □242

あなた：D__ y___ h_____ a t______ f___ t_______?

3名のテーブルはありますか？

相手：I'm sorry. We're full right now.

申し訳ありません。現在、満席です。

❷ □244

あなた：H___ l_____ i_ t___ w____?

待ち時間はどれくらいですか？

相手：It could be 30 minutes or so.

30分ほどでしょう。

❸ □248

相手：H_____ y___ d__________?

お決まりですか？

あなた：Actually, not yet.

実は、まだなんです。

❹ □251

相手：How about today's special?

本日のお薦め料理はどうですか？

あなた：M_____ i_ t_______, p________.

それを3つお願いします。

2日間学習したフレーズをおさらい。色文字の日本語を参考にして、各ダイアログの空所に当てはまるフレーズを、先頭の文字に続けて書き込もう。分からないときは、見出し番号を参照して復習しておこう（解答はこのページ下）。

Chapter 0 基本フレーズ
Chapter 1 機内
Chapter 2 入国
Chapter 3 ホテル
Chapter 4 移動
Chapter 5 観光
Chapter 6 買い物
Chapter 7 食事
Chapter 8 交流
Chapter 9 トラブル
Chapter 10 出国

5 □254

相手： **Are you ready to order?**
ご注文はお決まりですか？

あなた：**Yes. I__ h_____ t____ o___.**
はい。これをください。

6 □261

相手： **S____________ t_ d______?**
お飲み物は？

あなた：**A small Coke, please.**
コカコーラのSをください。

7 □263

相手： **F___ h_____ o_ t_ g_?**
こちらでお召し上がりですか、お持ち帰りですか？

あなた：**For here, please.**
こちらで食べます。

解答

1. Do you have a table for three?
2. How long is the wait?
3. Have you decided?
4. Make it three, please.
5. I'll have this one.
6. Something to drink?
7. For here or to go?

英語でもっと話してみよう！

ここまで学習したフレーズを使って、表現力をさらにアップ！「食事」編のフレーズは、Scene 27 に登場した I'll have ～.（～をください）。該当のトラックを呼び出して、「英語」→「日本語」の後の発信音に続けて文を音読しよう！

DL-111

a steak
ステーキ

a pizza
ピザ

a salad
サラダ

I'll have ～ .
～をください。

a hot dog
ホットドッグ

a cheeseburger
チーズバーガー

fish and chips
フィッシュアンドチップス

ほかにも！

a bottle of red wine
赤ワインのボトル

a glass of white wine
白ワインのグラス

a cup of coffee
コーヒーを 1 杯

combo number 2
セットの 2 番

Chapter 8

交流

旅先での偶然の出会いも思い出の１つ。気が合えば、一緒に観光したり、夕食をしたりってこともあるかも。帰国後も連絡を取り合えるような友達ができたら素晴らしい！

英語でコレ言える？

▼

あなた：A__ y__ o_ F_______?
フェイスブックをしていますか？
相手：Yes. I use X, too.
ええ。X も使っていますよ。

▼

答えは Day 17 でチェック！

「交流」の、まずはコレだけ!

Step 1 ダイアログを聞く 》DL-112　**Step 2** ロールプレイで音読!》DL-113

□265
あなた : **What beautiful weather!**
素晴らしい天気ですね!

□266
相手 : **Yes, indeed.**
ええ、本当に。

英語圏でも、天気の話題は会話のきっかけとして一般的。「ひどい天気」だったら、What terrible weather! と言ってみよう。Yes, indeed. は、相手の発言に同意して「ええ、本当に(そうですね)」を表す。

□267
あなた : **Sorry, I'm not good at English.**
すみません、英語がうまくないんです。

□268
相手 : **It's OK. I'll talk slowly.**
いいんですよ。ゆっくり話しますから。

相手の話が分からなかったら、I'm not good at English. と伝えれば、ゆっくり話してくれるはず。こちらから Speak slowly, please.(ゆっくり話してください)などと言ってももちろん OK。

□269
あなた : **What's your name?**
お名前は何ですか?

□270
相手 : **Tom Simpson. Call me Tom.**
トム・シンプソンです。トムと呼んでください。

話が弾んできたら、せっかくなので相手の名前を聞いてみよう。自分を愛称などで呼んでほしいときは Call me ~.(~と呼んでください)を使おう。

シーン別の学習に入る前に、1 往復の短いダイアログで口慣らし。Step 1 でダイアログを聞いたら、Step 2 で「あなた」のパートを音読しよう。

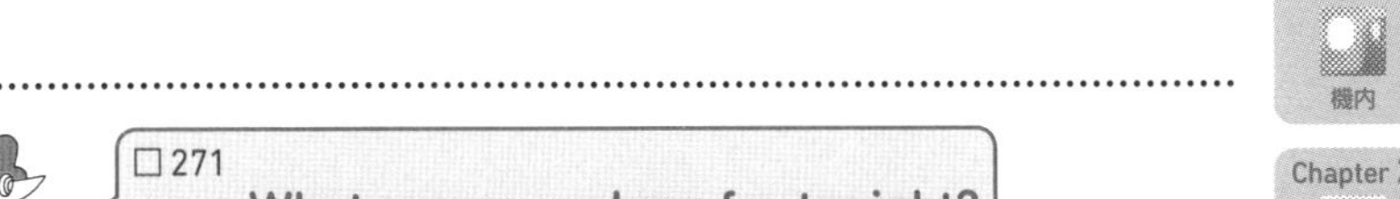

□ 271
あなた：**What are your plans for tonight?**
今夜の予定は？

□ 272
相手：**Nothing special.**
特に何もありません。

What are your plans for ～? は「～の予定は（何ですか）?」。こう聞かれて、何かすることがあるなら I have to ～.（～しなければなりません）、特に何もないなら Nothing special. などで答える。

□ 273
あなた：**Would you like to have dinner with me?**
一緒に夕食を食べませんか？

□ 274
相手：**I'd love to.**
ぜひ。

Would you like to ～? は「～しませんか？」と、相手を誘う際の表現。「一緒に観光しませんか？」なら Would you like to go sightseeing with me?。応じる際は I'd love to.、断る際は I'd love to, but ～.（ぜひそうしたいのですが～）を使おう。

□ 275
あなた：**Can I ask your e-mail address?**
メールアドレスを聞いてもいいですか？

□ 276
相手：**Sure. I'll write it down for you.**
もちろん。書いてあげますね。

今後も連絡を取り合いたいなら、Can I ask your ～?（～を聞いてもいいですか？）を使って、メールアドレスや住所、電話番号などを尋ねてみよう。write down は「～を書き留める」。

Scene 29

お会いできてうれしいです。

Step 1 チャンツでフレーズを覚える DL-114

□277

Nice to meet you. お会いできてうれしいです。／初めまして。

初対面の人に対するあいさつ。How do you do?（初めまして）は、それよりもフォーマルな表現。

□278

How are you? お元気ですか？

相手の近況を尋ねる際の定番表現。このように聞かれたら、Fine, thank you.（元気です、ありがとうございます）などと答える。

□279

How about you? あなたはどうですか？

相手の質問（右のダイアログではHow are you?）と同じ質問を返す際の表現。「（自分はこう思うけど）あなたはどう？」と相手の意向を問うときなどにも使える。

□280

Nice to be here. お招きいただきありがとうございます。

直訳の「ここにいられてうれしいです」から上のような意味になる。Thank you for inviting me [us]. も同じように使える。

□281

Good to have you here. ようこそお越しくださいました。

直訳は「あなたがここにいてうれしいです」。Thank you for coming. も同じように使える。

□282

Here's a little something for you. つまらないものですが。

ちょっとしたプレゼントを渡す際の表現。a little を something の前につけることで、謙遜したニュアンスになる。Here's something for you. と言ってももちろん OK。

せっかく海外に行ったのだから、現地の人との交流を楽しみたいもの。今日は、メル友の外国人の家に招待されたシーン 2 つに挑戦！

Step 2 ダイアログを聞く DL-115　**Step 3** ロールプレイで音読！ DL-116

相手：**Hello. Nice to meet you.**
こんにちは。お会いできてうれしいです。

あなた：**Nice to meet you, too. How are you?**
こちらこそ、お会いできてうれしいです。お元気ですか？

相手：**Fine, thank you. How about you?**
元気です、ありがとうございます。あなたはどうですか？

あなた：**Good. Nice to be here.**
元気です。お招きいただきありがとうございます。

相手：**Good to have you here. Please come in.**
ようこそお越しくださいました。どうぞお入りください。

あなた：**Thank you. Here's a little something for you.**
ありがとうございます。つまらないものですが。

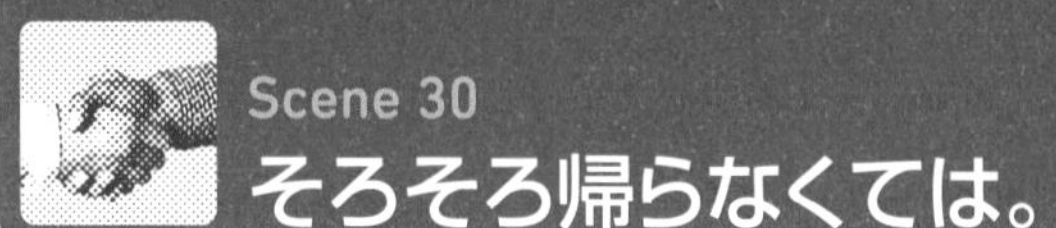

Scene 30 そろそろ帰らなくては。

Step 1 チャンツでフレーズを覚える DL-117

□283
I have to go now. そろそろ帰らなくては。

いとまごいをする際の定番表現。

□284
Are you leaving so soon? もうお帰りですか？

引き止めるためというよりは、一種の儀礼的な表現。普通は、最初に帰る数名の客に対して使う。遅くまで残っていた客に使うと、嫌みなニュアンスになることもある。

□285
Nice meeting you. お会いできてよかったです。

別れ際のあいさつ。Nice talking to you.（お話しできてよかったです）などと言ってもよい。Nice to meet you.（お会いできてうれしいです）と混同しないように注意。

□286
See you. ではまた。

別れ際のあいさつ。再会の約束をしていなかったり、二度と会うことがないような場合でも使える。

□287
Let's keep in touch. 連絡を取り合いましょう。

相手と今後も連絡を取り合いたかったら、このように言ってみよう。

□288
Say hello to your family. ご家族によろしくお伝えください。

別れ際のあいさつ。文頭にPleaseをつけると丁寧なニュアンスになる。Say hello to your husband [wife]. なら「ご主人［奥さん］によろしくお伝えください」。

楽しかったひとときも過ぎ、おいとまの時間に。会えてよかったことを、気持ちを込めて伝えよう。今後の連絡の取り合い方もチェック。

Step 2 ダイアログを聞く DL-118　**Step 3** ロールプレイで音読！ DL-119

あなた：**Oh, it's almost 10 p.m. I have to go now.**
あら、もう少しで午後10時だわ。そろそろ帰らなくては。

相手：**Are you leaving so soon?**
もうお帰りですか？

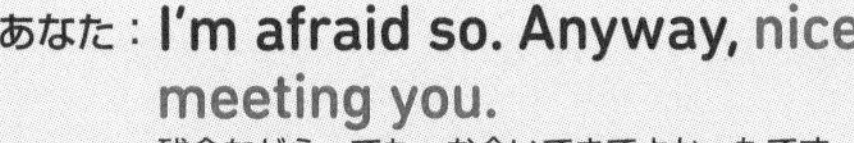

あなた：**I'm afraid so. Anyway, nice meeting you.**
残念ながら。でも、お会いできてよかったです。

相手：**Nice meeting you, too. See you.**
こちらこそ、お会いできてよかったです。ではまた。

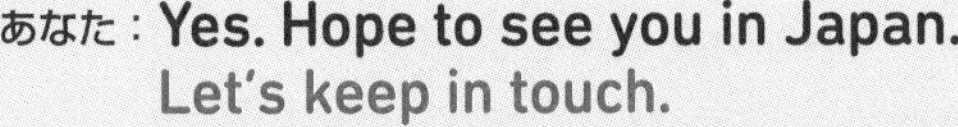

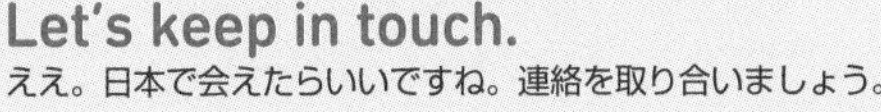

あなた：**Yes. Hope to see you in Japan. Let's keep in touch.**
ええ。日本で会えたらいいですね。連絡を取り合いましょう。

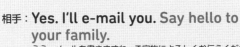

相手：**Yes. I'll e-mail you. Say hello to your family.**
ええ。メールを書きますね。ご家族によろしくお伝えください。

Scene 31
どちらからいらしたのですか？

Step 1 チャンツでフレーズを覚える DL-120

□289
Where are you from? どちらからいらしたのですか？／ご出身は？

初対面の人などに出身を聞く際の表現。

□290
I'm from France. フランスからです。／フランス出身です。

from の後には国名や都市名が入る。出身国が相手に分かっている場合は、I'm from Paris.（パリ出身です）と都市名で答えてもよい。

□291
Is this your first time to London? ロンドンへは初めてですか？

既にその場所にいるならば、Is this your first time in London?（ロンドンは初めてですか？）のように「in＋場所」を使って聞いても OK。

□292
It's my second time. 2 回目です。

I've been there once before.（そこへは以前に 1 度行ったことがあります）と答えてもよい。「3 回目です」なら It's my third time.。

□293
What do you do? お仕事は何ですか？／ご職業は？

初対面の人などに職業を聞く際に使う。What do you do for a living? のように、最後に for a living をつけることもある。

□294
I'm a student. 学生です。

What do you do? と聞かれたら、I'm ～ . で答えればよい。「退職しています」なら I'm retired.。I work for ～ .（～に勤めています）を使っても OK。

機内や電車内など、長距離移動で隣り合わせた人との会話に挑戦してみよう。まずは笑顔で「初めまして」からスタート！

Step 2 ダイアログを聞く DL-121　**Step 3** ロールプレイで音読！ DL-122

あなた：**Hi. Nice to meet you. Where are you from?**
こんにちは。初めまして。どちらからいらしたのですか？

相手：**I'm from France. Nice to meet you, too.**
フランスからです。こちらこそ、初めまして。

あなた：**Is this your first time to London?**
ロンドンへは初めてですか？

相手：**No, it's my second time. I'm visiting a friend.**
いいえ、2回目です。友人の所へ行くんです。

あなた：**Oh, that must be nice. What do you do?**
ああ、それはいいですね。お仕事は何ですか？

相手：**I'm a student. How about you?**
学生です。あなたは？

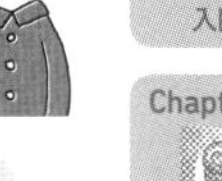

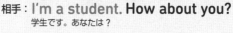

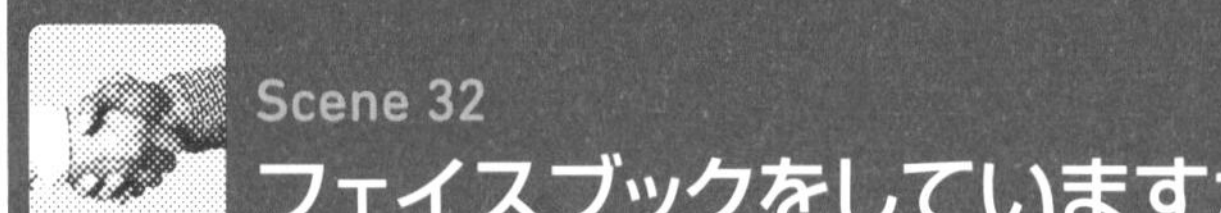

Scene 32
フェイスブックをしていますか？

Step 1 チャンツでフレーズを覚える 》DL-123

□295
Are you on Facebook? フェイスブックをしていますか？

このonは「～に参加［登録］して」といった意味。Are you on X? なら「Xをしていますか？」。

□296
I use X, too. Xも使っています。

I use X.（Xを使っています）はI'm on X. の言い換え表現。

□297
I'll send you a message. （あなたに）メッセージを送ります。

「メールを送ります」ならI'll send you an e-mail.、またはe-mailを動詞として使ってI'll e-mail you. とも言える。携帯電話のメールの場合はI'll text you. と言う。

□298
Me too. 私も。

相手の発言に対して「私も」と同調する際の表現。右のダイアログでは、相手のI'll send you a message. を受けて、「私も（送ります）」を表している。

□299
Can you add me as a friend? 私を友達に加えてくれますか？

右はダイアログでは、フェイスブックで友達申請をして友達に加えてもらうことを意味している。addは「～を加える」。

□300
Let's follow each other. お互いにフォローしましょう。

Let's ～. で「（一緒に）～しましょう」を表す。

意気投合できた人とは、帰国後も連絡を取り合いたい。近況を知り合うには、SNS（ソーシャル・ネットワーキング・サービス）が便利。

Step 2 ダイアログを聞く DL-124　**Step 3** ロールプレイで音読！ DL-125

あなた：**Are you on Facebook?**
フェイスブックをしていますか？

相手：**Yes. I use X, too. How about you?**
ええ。Xも使っていますよ。あなたは？

あなた：**I'm only on Facebook. I'll send you a message.**
フェイスブックだけしています。メッセージを送りますね。

相手：**Me too.**
私も。

あなた：**Can you add me as a friend?**
私を友達に加えてくれますか？

相手：**Sure. Let's follow each other.**
もちろん。お互いにフォローしましょう。

Chapter 8 Review

❶ □278

あなた：H___ a___ y___?
お元気ですか？

相手： Fine, thank you.
元気です、ありがとうございます。

❷ □280

あなた：N____ t_ b_ h____.
お招きいただきありがとうございます。

相手： Good to have you here.
ようこそお越しくださいました。

❸ □283

あなた：I h____ t_ g_ n___.
そろそろ帰らなくては。

相手： Are you leaving so soon?
もうお帰りですか？

❹ □287

あなた：L_____ k_____ i_ t______.
連絡を取り合いましょう。

相手： Yes. I'll e-mail you.
ええ。メールを書きますね。

2 日間学習したフレーズをおさらい。色文字の日本語を参考にして、各ダイアログの空所に当てはまるフレーズを、先頭の文字に続けて書き込もう。分からないときは、見出し番号を参照して復習しておこう（解答はこのページ下）。

5 □289

あなた：**W_______ a___ y___ f_____?**
どちらからいらしたのですか？

相手：**I'm from France.**
フランスからです。

6 □293

あなた：**W_____ d_ y___ d_?**
お仕事は何ですか？

相手：**I'm a student.**
学生です。

7 □295

あなた：**A___ y___ o_ F____________?**
フェイスブックをしていますか？

相手：**Yes. I use X, too.**
ええ。X も使っていますよ。

解答

1. How are you?
2. Nice to be here.
3. I have to go now.
4. Let's keep in touch.
5. Where are you from?
6. What do you do?
7. Are you on Facebook?

英語でもっと話してみよう！

ここまで学習したフレーズを使って、表現力をさらにアップ！「交流」編のフレーズは、Scene 29に登場したHere's ～.（これは～です）。該当のトラックを呼び出して、「英語」→「日本語」の後の発信音に続けて文を音読しよう！

DL-126

a present for you
あなたへのプレゼント

a souvenir for you
あなたへのお土産

a letter for you
あなたへの手紙

Here's ～.
これは～です。

my number
私の電話番号

my e-mail address
私のメールアドレス

my address
私の住所

ほかにも！

a gift for you
あなたへの贈り物

my card
私の名刺

a picture of my family
私の家族の写真

a picture of my parents
私の両親の写真

Chapter 9
トラブル

できれば遭遇したくはないけれど、旅に多少のトラブルはつきもの。状況をうまく説明して、解決する会話力をつけておけば、トラブルも懐かしい思い出になるかも。

英語でコレ言える？

▼

相手：What's the matter?
どうしましたか？
あなた：I l___ m_ c_____.
カメラをなくしました。

▼

答えは Day 19 でチェック！

「トラブル」の、まずはコレだけ！

Step 1 ダイアログを聞く DL-127　Step 2 ロールプレイで音読！DL-128

□301
相手：**Hey, you. Wait.**
ちょっと、あなた。待って。

□302
あなた：**Go away!**
あっちへ行って！

客引きなど、しつこくつきまとってくる人がいたら、大きな声で Go away! と言って関心がないことを伝えよう。何も言わずにいると、いつまでもついてくることもあるので注意。

□303
あなた：**Help!**
助けて！

□304
相手：**What happened?**
何があったのですか？

Go away! と言ってもついてくるようだったら、さらに大きな声で Help! と言おう。What happened? は「何があったのですか？、何が起きたのですか？」。

□305
あなた：**Stop, thief!**
捕まえて、泥棒！

□306
相手：**Which way did he go?**
どの方向へ行きましたか？

ひったくりに遭ったら、大声で Stop, thief! と言おう。ダメモトでも、何も言わないよりはいいはず。

シーン別の学習に入る前に、1 往復の短いダイアログで口慣らし。Step 1 でダイアログを聞いたら、Step 2 で「あなた」のパートを音読しよう。

□ 307
あなた：**I lost my key card.**
キーカードをなくしました。

□ 308
相手：**I'll get you a new one.**
新しい物をお持ちします。

何かをなくしたときは I lost ～.（～をなくしました）を使おう。key card はホテルなどの「カード式鍵」。

□ 309
あなた：**There's no hot water.**
お湯が出ません。

□ 310
相手：**I'm sorry. I'll send someone to check it.**
申し訳ありません。確認のため誰かを向かわせます。

There's no hot water. の直訳は「お湯がありません」。お湯が出ないことを伝える際の定番表現。ホテルの部屋に何かがない場合は、There's no toilet paper.（トイレットペーパーがありません）のように There's no ～. を使おう。

□ 311
相手：**What's wrong?**
どうしましたか？

□ 312
あなた：**I have a stomachache.**
おなかが痛いんです。

腹痛や頭痛、歯痛を訴える場合は I have a stomachache [headache, toothache].、それ以外で「～が痛いんです」と言う場合は I have a pain in ～. を使おう。What's wrong? は「どうしましたか？」と相手の様子を気遣う表現。

Scene 33

エアコンが動かないんです。

Step 1 チャンツでフレーズを覚える DL-129

☐313
What can I do for you? どういうご用件ですか？

相手の用件を聞く際の表現。直訳は「私はあなたのために何ができますか？」。店員が「いらっしゃいませ」「何をお探しですか？」といった意味で使うこともある。

☐314
I'd like to change rooms. 部屋を替えたいのですが。

「～を交換する」という意味で change を使う場合は、Scene 2 に登場した change seats（席を替える）と同様、room を複数形にすることを忘れずに。

☐315
What seems to be the problem? どうされましたか？

何か問題があるのだろうが、はっきりと分からない場合に使われる。医者が患者に対して使うと、「どこがお悪いのですか？」といった意味になる。

☐316
The air conditioner doesn't work. エアコンが動きません。

～ doesn't work. で「～が動きません、～が使えません」を表す。ホテルの部屋の備品などが動かないときに使えて便利。The TV doesn't work. なら「テレビがつきません」。

☐317
I'll send someone right away. すぐに誰かを向かわせます。

この send は「（人）を行かせる」という意味。right away は「すぐに」。

☐318
Please do so. そうしてください。

相手の申し出などに対して、「ぜひそうしてください」と念を押すニュアンス。

海外旅行には、ちょっとしたトラブルはつきもの。まずは、ホテルの部屋の備品が動かないシーンから見てみよう。

Step 2 ダイアログを聞く DL-130　**Step 3** ロールプレイで音読！ DL-131

相手：**Front desk.** What can I do for you?
フロントデスクです。どういうご用件ですか？

あなた：**Hello. This is Room 512.** I'd like to change rooms.
もしもし。512 号室です。部屋を替えたいのですが。

相手：What seems to be the problem?
どうされましたか？

あなた：The air conditioner doesn't work.
エアコンが動かないんです。

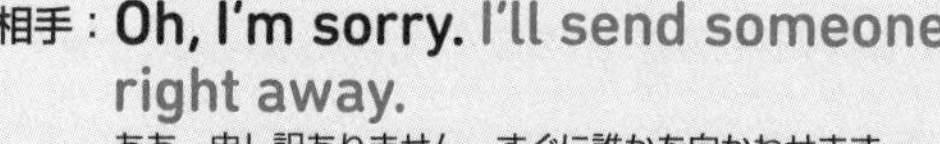

相手：**Oh, I'm sorry.** I'll send someone right away.
ああ、申し訳ありません。すぐに誰かを向かわせます。

あなた：**Yes,** please do so.
ええ、そうしてください。

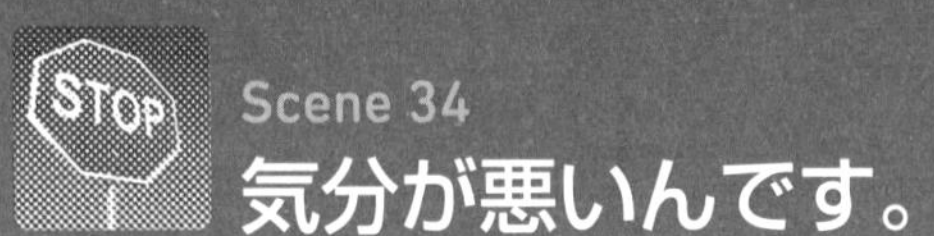

Scene 34 気分が悪いんです。

Step 1 チャンツでフレーズを覚える DL-132

□319
Are you feeling OK? （気分は）大丈夫ですか？ ▸▸▸

相手の体調を気遣う表現。

□320
I'm feeling sick. 気分が悪いんです。 ▸▸▸

feel sickで「気分が悪い」を表す。I have a stomachache [headache].（おなか［頭］が痛いんです）も定番表現。

□321
That's too bad. それはいけませんね。／お気の毒に。 ▸▸▸

相手の境遇に対して同情を示す際の表現。

□322
Do you have any medicine for it? 何か薬はありますか？ ▸▸▸

文末のfor it（そのための）は、右のダイアログでは「腹痛用の」といった意味。

□323
Would you need anything else? ほかに何か必要ですか？ ▸▸▸

そのほかに必要な物がないか確認する際に使う。Do you need anything else?よりも丁寧な表現。

□324
No, thanks. いいえ、結構です。 ▸▸▸

相手の申し出を断る際の表現。受け入れる際はYes, please.（はい、お願いします）を使う。

今回のシーンは、機内で体調が悪くなった場合の対処法。まずは不調を伝え、薬があるかどうか確認しよう。

Step 2 ダイアログを聞く DL-133　**Step 3** ロールプレイで音読！ DL-134

相手：**Are you feeling OK?**
大丈夫ですか？

あなた：**No, not really. . . I'm feeling sick. I have a stomachache.**
いえ、あまり…。気分が悪いんです。おなかが痛いんです。

相手：**That's too bad.**
それはいけませんね。

あなた：**Do you have any medicine for it?**
何か薬はありますか？

相手：**Yes. I'll get you some right away. Would you need anything else?**
ええ。すぐにお持ちします。ほかに何か必要ですか？

あなた：**No, thanks.**
いいえ、結構です。

Scene 35

カメラをなくしました。

Step 1 チャンツでフレーズを覚える DL-135

□325
What's the matter? どうしましたか？

普段と様子が違っていたり、困惑していたりする相手を気遣う表現。What's the matter with you? のように、文末に with you をつけることもある。

□326
I lost my camera. カメラをなくしました。

I lost ～. で「～をなくしました」を表す。盗まれた場合は～ was stolen.（～を盗まれました）を使おう。

□327
When did you last use it? 最後にいつ使いましたか？

「最後にどこで使いましたか？」は Where did you last use it?。

□328
What should I do? どうすればいいでしょうか？

何をすべきか相手にアドバイスを求める際の表現。日本語の「どう」につられて What を How にしないように注意。

□329
Do you know where that is? （それが）どこか分かりますか？

既出のものの場所（右のダイアログでは「遺失物取扱所」）が分かるか確認する際に使う。Do you know where the station is? なら「駅がどこか分かりますか？」。

□330
Can I have a floor guide? 館内図をもらえますか？

floor guide は「館内図」。floor map を使っても OK。右のダイアログでの空港だけでなく、デパートなどの「館内図」が欲しいときにももちろん使える。

紛失物が戻ってくる可能性は、海外では日本よりも低いと言われるけれど、親切な人はきっといるはず。今回は物をなくしたシーンに挑戦！

Step 2 ダイアログを聞く DL-136　**Step 3** ロールプレイで音読！DL-137

相手：**What's the matter?**
どうしましたか？

あなた：**I lost my camera.**
カメラをなくしました。

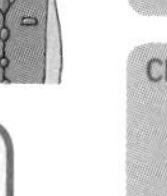

相手：**When did you last use it?**
最後にいつ使いましたか？

あなた：**When I arrived at this airport.**
What should I do?
この空港に着いた時にです。どうすればいいでしょうか？

相手：**You should go to the lost and found.**
Do you know where that is?
遺失物取扱所に行くといいでしょう。どこか分かりますか？

あなた：**No, I don't. Can I have a floor guide?**
いいえ。館内図をもらえますか？

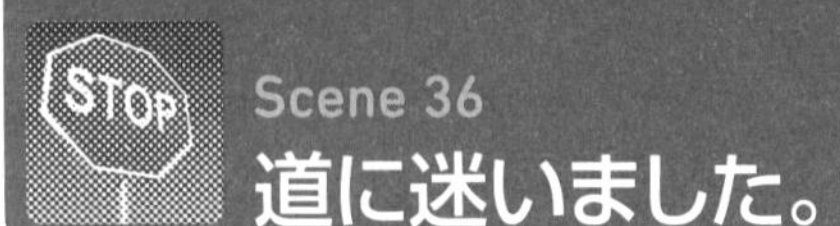

Scene 36
道に迷いました。

Step 1 チャンツでフレーズを覚える 》DL-138

□ 331

I'm lost. **道に迷いました。**

この lost は「道に迷った」という意味。日本で外国人が道に迷っている様子だったら、Are you lost?（道に迷いましたか ?）と言って助けてあげよう。

□ 332

Where are you going? **どちらへ行くところですか ?**

相手の行き先を確認する際の表現。右のダイアログでは、Where would you like to go?（どこへ行きたいのですか ?）と聞いても OK。

□ 333

I'm going to Times Square. **タイムズスクエアへ行くところです。**

I'm going to ～ . で「～へ行くところです」を表す。

□ 334

Go straight for three blocks. **真っすぐ 3 ブロック行ってください。**

この for は省略可能。外国人に道案内するときも、道路を指しながらこの表現を使ってみよう。

□ 335

You mean this way? **この方向にですね ?**

You mean ～ ? は「～ですね ?、～ということですか ?」と確認する際の表現。

□ 336

You can't miss it. **すぐに分かりますよ。**

直訳は「それを見逃すはずはありません」。「分かりやすいから、すぐに見つけられます」といったニュアンス。

道に迷ったら、現地の人に助けを求めよう。その際には、ガイドブックなどの地図を見せながらお願いすれば、話がスムーズに進むはず。

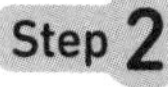

Step 2 ダイアログを聞く DL-139　**Step 3** ロールプレイで音読！DL-140

あなた：**Excuse me. I'm lost. Where are we on this map?**
すみません。道に迷いました。この地図のどこにいますか？

相手：**Let's see. . . We are right here. Where are you going?**
ええと…。私たちはちょうどここにいます。どちらへ行くところですか？

あなた：**I'm going to Times Square.**
タイムズスクエアへ行くところです。

相手：**Go straight for three blocks. Then turn left. It's on your right.**
真っすぐ 3 ブロック行ってください。それから左に曲がります。あなたの右手にありますよ。

あなた：**You mean this way?**
この方向にですね？

相手：**Yes. It's not far from here. You can't miss it.**
そうです。ここから遠くありません。すぐに分かりますよ。

Chapter 9 Review

❶ □313

相手： W_____ c____ l d__ f____ y____?

どういうご用件ですか？

あなた：Hello. This is room 512.

もしもし。512 号室です。

❷ □316

あなた：T____ a___ c_______________ d__________ w_____.

エアコンが動かないんです。

相手： Oh, I'm sorry.

ああ、申し訳ありません。

❸ □319

相手： A____ y____ f_________ O__?

大丈夫ですか？

あなた：No, not really. . . I'm feeling sick.

いえ、あまり…。気分が悪いんです。

❹ □324

相手： Would you need anything else?

ほかに何か必要ですか？

あなた：N__, t_________.

いいえ、結構です。

2 日間学習したフレーズをおさらい。色文字の日本語を参考にして、各ダイアログの空所に当てはまるフレーズを、先頭の文字に続けて書き込もう。分からないときは、見出し番号を参照して復習しておこう（解答はこのページ下）。

❺ □ 325

相手： **W_______ t___ m________?**
どうしましたか？

あなた：**I lost my camera.**
カメラをなくしました。

❻ □ 328

あなた：**W_____ s_______ I d_?**
どうすればいいでしょうか？

相手： **You should go to the lost and found.**
遺失物取扱所に行くといいでしょう。

❼ □ 333

相手： **Where are you going?**
どちらへ行くところですか？

あなた：**I__ g_____ t_ T_____ S_______.**
タイムズスクエアへ行くところです。

解答

1. What can I do for you?
2. The air conditioner doesn't work.
3. Are you feeling OK?
4. No, thanks.
5. What's the matter?
6. What should I do?
7. I'm going to Times Square.

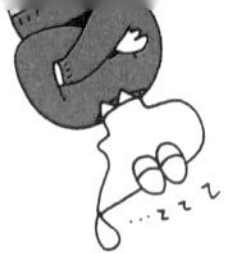

英語でもっと話してみよう！

ここまで学習したフレーズを使って、表現力をさらにアップ！「トラブル」編のフレーズは、Scene 35 に登場した I lost my ～ .（～をなくしました）。該当のトラックを呼び出して、「英語」→「日本語」の後の発信音に続けて文を音読しよう！

DL-141

passport
パスポート

credit card
クレジットカード

wallet
財布

I lost my ～ .
～をなくしました。

purse
ハンドバッグ

key
鍵

smartphone
スマートフォン

ほかにも！

debit card
デビットカード

ticket
チケット

watch
腕時計

boarding pass
搭乗券

Chapter 10
出国

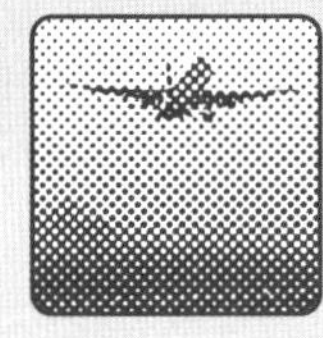

楽しかった旅行もいよいよ最終盤に。帰国便が日本の航空会社なら、出国手続きをする現地空港は英語を使う最後の機会になるかも。チェックインからセキュリティ通過までをシミュレーションしてみよう。

英語でコレ言える？

▼

相手：Any baggage to check in?
預ける手荷物はありますか？
あなた：Yes. J___ t___ s________.
はい。このスーツケースだけです。

▼

答えは Day 20 でチェック！

Chapter 0

基本フレーズ
Chapter 1

機内
Chapter 2

入国
Chapter 3

ホテル
Chapter 4

移動
Chapter 5

観光
Chapter 6

買い物
Chapter 7

食事
Chapter 8

交流

Chapter 9

トラブル
Chapter 10

出国

「出国」の、まずはコレだけ！

Step 1 ダイアログを聞く DL-142　**Step 2** ロールプレイで音読！ DL-143

□337
あなた：**Check in, please.**
チェックインをお願いします。

□338
相手：**May I see your passport and ticket?**
パスポートとチケットを拝見できますか？

Check in, please. は、I'd like to check in.（チェックインしたいのですが）と丁寧に言ってもOK。May I see ～？は「～を拝見できますか？」。self check-in kiosk（自動チェックイン機）が設置されている空港も多い。

□339
相手：**Are you checking in any baggage?**
手荷物を預けますか？

□340
あなた：**Two to check in.**
2つ預けます。

このcheck in は「（バッグなど）を預ける」という意味。Any baggage to check in?（預ける手荷物はありますか？）と聞かれることもある。Two to check in. はI have two bags to check in. を省略した形。

□341
あなた：**Which gate?**
何番ゲートですか？

□342
相手：**You'll board at Gate 23.**
23番ゲートからのご搭乗になります。

「何番ゲートですか？」は、ここではWhat gate? でもOK。You'll board at Gate 23. のboard は「搭乗する」という意味。

シーン別の学習に入る前に、1 往復の短いダイアログで口慣らし。Step 1 でダイアログを聞いたら、Step 2 で「あなた」のパートを音読しよう。

□ 343
相手 : **Did you pack your bags yourself?**
荷物は自分で詰めましたか？

□ 344
あなた : **Yes.**
はい。

不審物を所持していないかどうかの確認のため、空港のセキュリティでよく聞かれる質問の 1 つ。この質問には、もちろん Yes. と答える。

□ 345
相手 : **Did anyone give you anything to carry?**
運ぶようにと誰かに何かを渡されましたか？

□ 346
あなた : **No.**
いいえ。

これも、上と同じくよく聞かれる質問。もちろん No. と答える。空港などで、見知らぬ人物に荷物を日本まで運ぶよう頼まれたら、頑として断ること。

□ 347
あなた : **I'll take this camera.**
このカメラをください。

□ 348
相手 : **Certainly. Show me your passport, please.**
かしこまりました。パスポートを見せてください。

I'll take ～ . は「～をください、～にします」と買う物を決めた際の表現。免税品店ではパスポートの提示が求められる。

Scene 37
チェックインしたいのですが。

Step 1 チャンツでフレーズを覚える DL-144

□ 349
I'd like to check in. チェックインしたいのですが。

カジュアルに Check in, please.（チェックインをお願いします）と言ってもよい。

□ 350
Your passport and ticket, please. パスポートとチケットをお願いします。

May [Can] I see your passport and ticket?（パスポートとチケットを拝見できますか？）と聞かれることもある。

□ 351
Here they are. （はい）どうぞ。

Here you are.、Here you go. と言ってもよい。右のダイアログでは、渡す物が2つ（パスポートとチケット）なので、Here it is. は使えない。

□ 352
Any baggage to check in? 預ける手荷物はありますか？

この check in は「（バッグなど）を預ける」という意味。Do you have any baggage to check in? の Do you have が省略された形。

□ 353
Just this suitcase. このスーツケースだけです。

I'd like to check in this suitcase.（このスーツケースを預けたいのですが）などと丁寧に言わなくても、これだけで OK。

□ 354
Here's your baggage claim tag. こちらが手荷物引換証です。

baggage claim tag は「手荷物引換［受領］証」のこと。手荷物受け取り時に、照合を求められることもある。

楽しかった旅行も、もうすぐ終わり。思い出もいっぱい、中身もいっぱいのスーツケースを持って、チェックインカウンターへ！

Step 2 ダイアログを聞く DL-145　**Step 3** ロールプレイで音読！ DL-146

あなた：**Hi.** I'd like to check in.
こんにちは。チェックインしたいのですが。

相手：**Sure.** Your passport and ticket, please.
はい。パスポートとチケットをお願いします。

あなた：Here they are.
どうぞ。

相手：**Thank you.** Any baggage to check in?
ありがとうございます。預ける手荷物はありますか？

あなた：**Yes.** Just this suitcase.
はい。このスーツケースだけです。

相手：**OK. . .** Here's your baggage claim tag.
分かりました…。こちらが手荷物引換証です。

Scene 38

通路側の席がいいのですが。

Step 1 チャンツでフレーズを覚える 》DL-147

☐ 355

Where would you like to sit? 席はどこがいいですか？

▸▸▸

この後に、Window or aisle?（窓側ですか、通路側ですか？）が続くこともある。

☐ 356

I'd like an aisle seat. 通路側の席がいいのですが。

▸▸▸

aisle の発音に注意。Where would you like to sit? と聞かれる前に、自分から席の希望を伝えてもよい。

☐ 357

There are no aisle seats left. 通路側の席は残っていません。

▸▸▸

There are no ～ left. で「～は残っていません」を表す。

☐ 358

It doesn't matter. どちらでも構いません。

▸▸▸

どちらかを選ぶような場合に使う。右のダイアログでは、「窓側でも通路側でも構わない」ということ。「どうってことありません、気にしないで」という意味でも用いられる。

☐ 359

I'll put you in a window seat. 窓側の席をお取りします。

▸▸▸

直訳の「あなたを窓側の席に入れます」から上のような意味になる。

☐ 360

That's fine. それで結構です。

▸▸▸

相手の発言に異存がないことを表す。That's OK. も同じように使う。

インターネットで事前に指定していなければ、席はチェックイン時に決めるのが一般的。あなたは窓側派、それとも通路側派？

Step 2 ダイアログを聞く DL-148　**Step 3** ロールプレイで音読！ DL-149

相手：**Where would you like to sit?**
席はどこがいいですか？

あなた：**Well. . . I'd like an aisle seat.**
そうですね…。通路側の席がいいのですが。

相手：**Let me check. . . I'm sorry. There are no aisle seats left.**
確認します…。申し訳ありません。通路側の席は残っていません。

あなた：**It doesn't matter. Any seat will do.**
どちらでも構いません。どの席でもいいですよ。

相手：**OK. I'll put you in a window seat.**
分かりました。窓側の席をお取りします。

あなた：**That's fine. Thanks.**
それで結構です。ありがとう。

Scene 39
重量オーバー?!

Step 1 チャンツでフレーズを覚える 》DL-150

□361
Your suitcase is overweight. スーツケースが重量オーバーです。

overweight は、人が「太りすぎの」、手荷物などが「重量超過の」を表す。

□362
How heavy is it? どのくらい重いですか？

How ~ is it?（[それは] どのくらい~ですか？）は、How long [far] is it?（どのくらい長い［遠い］ですか？）といろいろと使えて便利。

□363
It's one pound over the limit. 1ポンド制限オーバーです。

1ポンドは約0.454キログラム。アメリカでは重さの単位にポンドを使うので覚えておこう。ちなみに略語はlb.。

□364
Do you have some advice? 何かアドバイスはありますか？

Do you have any advice? と、some を any にしてもいいが、some を使ったほうが、「きっとありますよね？」といったニュアンスになる。

□365
That's all. それだけです。／以上です。

説明などを締めくくる際に使う。右のダイアログでは、重量オーバー対策のためすべきことは「それだけです」といった意味で用いられている。

□366
I'll be back soon. すぐに戻ります。

短時間その場から離れたり、席を外したりする際の表現。右のダイアログでは、手荷物の中身の入れ替えを終えてから「すぐに戻ります」ということ。

買い物をしすぎて、スーツケースが重量オーバーに！ さて、どうする ?!
まずは焦らずに、グランドスタッフにアドバイスを求めよう。

Step 2 ダイアログを聞く 》DL-151　**Step 3** ロールプレイで音読！》DL-152

相手：**I'm sorry. Your suitcase is overweight.**
申し訳ありません。スーツケースが重量オーバーです。

あなた：**Overweight?! How heavy is it?**
重量オーバー ?!　どのくらい重いですか？

相手：**Fifty-one pounds. It's one pound over the limit.**
51 ポンドです。1 ポンド制限オーバーです。

あなた：**What should I do? Do you have some advice?**
どうすればいいでしょうか？　何かアドバイスはありますか？

相手：**Take one pound out of your suitcase and put it into your carry-on bag. That's all.**
スーツケースから 1 ポンド取り出して、機内持ち込みバッグに入れてください。それだけです。

あなた：**OK. I'll be back soon.**
分かりました。すぐに戻ります。

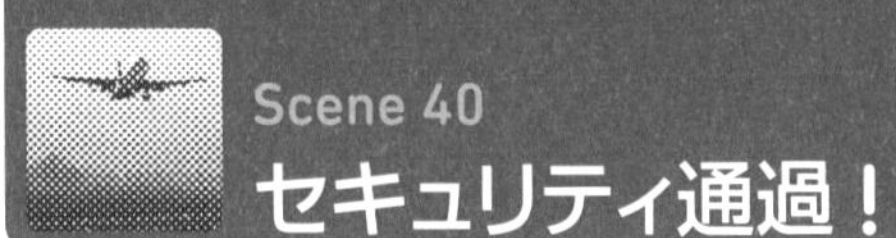

Scene 40

セキュリティ通過！

Step 1 チャンツでフレーズを覚える 》DL-153

□ 367

Your boarding pass, please. 搭乗券をお願いします。 ▸▸▸

セキュリティ通過の際、最初に提示を求められるのが搭乗券。Your boarding pass and passport, please. のように、パスポートも一緒に提示を求められることもある。

□ 368

Sure. もちろん。 ▸▸▸

ここまで何度も登場したが、最後にもう 1 度確認。Sure. は依頼に対して「もちろん、いいですよ」と答える際の表現。Certainly. のほうがフォーマルな答え方。

□ 369

Do you have any metal items on you? 金属製の物はお持ちですか？ ▸▸▸

on you は、ここでは「身につけて」という意味。小銭などの金属製の物はすべて取り出し、bin（容器）に入れるよう求められる。

□ 370

I forgot my belt. ベルトを忘れていました。 ▸▸▸

metal items（金属製の物）と言われて、小銭はすぐに思い浮かぶが、腕時計、宝飾品はどうだろう？ バックルが金属製のベルトも、もちろん外さなければならない。

□ 371

Any liquids or sharp objects? 液体や先のとがった物は？ ▸▸▸

文頭に Do you have が省略されている。身につけていなくても、carry-on bag（機内持ち込みバッグ）に入っていれば、取り出さなければならない。

□ 372

Nothing at all. 何もありません。 ▸▸▸

右のダイアログでは、No. だけで答えても OK だが、nothing at all を加えることで、液体や先のとがった物は「何もない」ことを強調している。

旅の最後の関門はセキュリティチェック。アメリカは特に厳しいけれど、流れを押さえておけば大丈夫。では、Have a nice trip back to Japan!

Step 2 ダイアログを聞く DL-154　**Step 3** ロールプレイで音読！DL-155

相手：Your boarding pass, please.
搭乗券をお願いします。

あなた：Sure. **Here you go.**
もちろん。はいどうぞ。

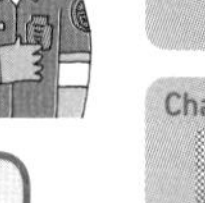

相手：Do you have any metal items on you? **If so, put them into the bin.**
金属製の物はお持ちですか？　もしそうでしたら、容器に入れてください。

あなた：**OK. . . Oh,** I forgot my belt.
分かりました…。あっ、ベルトを忘れていました。

相手：Any liquids or sharp objects?
液体や先のとがった物は？

あなた：**No,** nothing at all.
いいえ、何もありません。

Chapter 10 Review

❶ □349

あなた：I___ l_____ t__ c________ i__.

チェックインしたいのですが。

相手：Sure. Your passport and ticket, please.

はい。パスポートとチケットをお願いします。

❷ □352

相手：A____ b____________ t__ c________ i__?

預ける手荷物はありますか？

あなた：Yes. Just this suitcase.

はい。このスーツケースだけです。

❸ □356

相手：Where would you like to sit?

席はどこがいいですか？

あなた：I___ l_____ a__ a_______ s______.

通路側の席がいいのですが。

❹ □360

相手：I'll put you in a window seat.

窓側の席をお取りします。

あなた：T_________ f_____. Thanks.

それで結構です。ありがとう。

2日間学習したフレーズをおさらい。色文字の日本語を参考にして、各ダイアログの空所に当てはまるフレーズを、先頭の文字に続けて書き込もう。分からないときは、見出し番号を参照して復習しておこう（解答はこのページ下）。

❺ □361

相手：Y_____ s__________ i_ o______________.

スーツケースが重量オーバーです。

あなた：**Overweight?! How heavy is it?**

重量オーバー?!　どのくらい重いですか？

❻ □367

相手：Y_____ b__________ p_____, p_______.

搭乗券をお願いします。

あなた：**Sure. Here you go.**

もちろん。はいどうぞ。

❼ □371

相手：A___ l________ o_ s______ o__________?

液体や先のとがった物は？

あなた：**No, nothing at all.**

いいえ、何もありません。

解答

1. I'd like to check in.
2. Any baggage to check in?
3. I'd like an aisle seat.
4. That's fine.
5. Your suitcase is overweight.
6. Your boarding pass, please.
7. Any liquids or sharp objects?

英語でもっと話してみよう！

ここまで学習したフレーズを使って、表現力をさらにアップ！「出国」編のフレーズは、ダイアログにたびたび登場したwhenを使ったWhen's ～？（～はいつですか？）。該当のトラックを呼び出して、「英語」→「日本語」の後の発信音に続けて文を音読しよう！

DL-156

the meeting time
集合時間

the check-in time
チェックイン時刻

the boarding time
搭乗時刻

When's ～？
～はいつですか？

the departure time
出発時刻

the arrival time
到着時刻

the closing time
閉店時刻

ほかにも！

the next flight to Tokyo
東京行きの次の便

the last flight to Paris
パリ行きの最終便

Index

本書で紹介したフレーズをまとめました。見出しとして掲載されているフレーズは色字、それ以外のものは黒字で記されています。それぞれのフレーズの右側にある数字は、見出し番号を表しています。色字の番号は、見出しとなっている番号を示します。

ねぇねぇ、どれくらい覚えてる？
Hey, how many do you remember?

Index

D

166 ▸ 167

J

K

L

M

N

Y

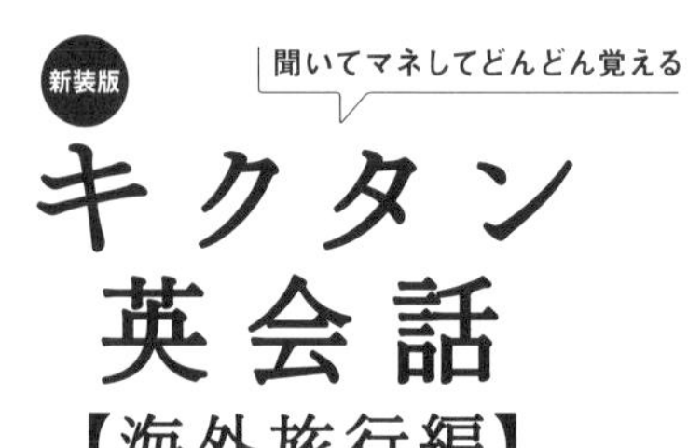

書名	新装版 キクタン英会話【海外旅行編】
発行日	2013年11月30日（初版） 2024年4月19日（新装版）
編著	一杉武史
編集	株式会社アルク 出版編集部
英文校正	Peter Branscombe、Margaret Stalker
アートディレクション	細山田光宣
デザイン	相馬敬徳、杉本真夕（細山田デザイン事務所）
イラスト	shimizu masashi（gaimgraphics）
ナレーション	Greg Dale、Julia Yermakov、Howard Colefield 水月優希、高橋大輔、岡本 昇
音楽制作	H. Akashi
録音・編集	高木弥生（有限会社ログスタジオ） 一般財団法人 英語教育協議会（ELEC）
DTP	株式会社 秀文社
印刷・製本	シナノ印刷株式会社
発行者	天野智之
発行所	株式会社 アルク 〒102-0073 東京都千代田区九段北4-2-6 市ヶ谷ビル Website：https://www.alc.co.jp/

PC：7024062
ISBN：978-4-7574-4201-6